现代学徒制试点创新成果系列教材

客房服务与管理实务

主　编　王晓迪

中国水利水电出版社
www.waterpub.com.cn
·北京·

内 容 提 要

本教材是在现代学徒制项目实施背景下编写的现代学徒制试点创新成果系列教材。全书包括六个模块：客房部概述、客房清洁与保养、客房对客服务、客房部组织管理、客房部费用管理、客房部安全管理。每个模块均明确了学习目标，模块内的每个项目均设置任务导入，通过任务情景进入课程学习，从而培养学生分析问题、解决问题和实际操作的能力。

本教材主要作为高职高专院校酒店管理等旅游相关专业的教学用书，也可作为相关从业人员培训、自学参考用书。

图书在版编目（CIP）数据

客房服务与管理实务 / 王晓迪主编. -- 北京 : 中国水利水电出版社，2020.8
现代学徒制试点创新成果系列教材
ISBN 978-7-5170-8704-5

Ⅰ. ①客… Ⅱ. ①王… Ⅲ. ①客房－商业服务－高等职业教育－教材②客房－商业管理－高等职业教育－教材 Ⅳ. ①F719.2

中国版本图书馆CIP数据核字(2020)第126691号

书　　名	现代学徒制试点创新成果系列教材 **客房服务与管理实务** KEFANG FUWU YU GUANLI SHIWU
作　　者	王晓迪　主编
出版发行	中国水利水电出版社 （北京市海淀区玉渊潭南路1号D座　100038） 网址：www.waterpub.com.cn E-mail：sales@waterpub.com.cn 电话：（010）68367658（营销中心）
经　　售	北京科水图书销售中心（零售） 电话：（010）88383994、63202643、68545874 全国各地新华书店和相关出版物销售网点
排　　版	中国水利水电出版社微机排版中心
印　　刷	北京瑞斯通印务发展有限公司
规　　格	184mm×260mm　16开本　9.5印张　176千字
版　　次	2020年8月第1版　2020年8月第1次印刷
印　　数	0001—1000册
定　　价	**32.00**元

本书编写人员

主　编　王晓迪

副主编　徐逢春　阮开宁

参　编　吕海燕　陈薇薇　何燕萍　朱　毅　谭飞华

序

国家在2019年出台了《国家职业教育改革实施方案》，职业教育迎来了一个重大发展机遇，《国家职业教育改革实施方案》中明确提出职业院校要进一步总结现代学徒制和企业新型学徒制经验，坚持工学结合，推动校企全面加强深度合作。这既说明国家对已开展的现代学徒制工作的高度肯定，同时也反映了现代学徒制人才培养模式还要继续创新，要办出中国特色。

广西水利电力职业技术学院是教育部现代学徒制试点单位，在现代学徒制培养方面做了大量且有益的探索，学院与南宁鑫伟万豪酒店联合，共同针对如何招生、如何组织分段式教学、如何实施“师带徒”、如何建设移动式教学工场等问题进行了深入研究与实践，并形成了符合现代学徒制特征、又不乏特色的“4234”人才培养模式。

本人有幸为教材作序，实感惶恐，通篇阅读后深有感触。本教材可以说是广西水利电力职业技术学院现代学徒制试点工作的特色成果之一，教材内容遵照酒店管理行业标准，将理论与实践有机融合，可操作性强。难能可贵的是此教材可作为教师开展碎片化知识重构和组织课程模块化教学的有益辅助，值得面向全国同类专业推荐。

然正如书中前言所述，教材还存在值得进一步雕琢研磨之处，譬如还要进一步结合“三教”改革要求，进一步完善成为“工作手册式”“活页式”教材；要进一步结合资源库建设，丰富教材内容等。

总而言之，作为市面上为数不多、在现代学徒制探索中形成的教材，编写组勇气可嘉，创新精神值得肯定。

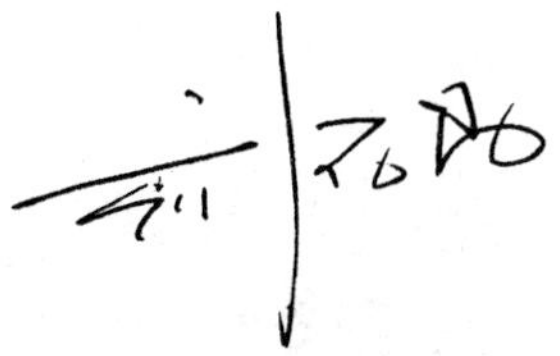

2020年5月9日

前　言

为深入贯彻落实党的十九大精神和《国务院关于加快发展现代职业教育的决定》（国发〔2014〕19号）、《教育部关于开展现代学徒制试点工作的意见》（教职成〔2014〕9号），实现深化产教融合、校企协同育人等政策方针，同时也为了适应酒店行业发展趋势和要求，让高职高专酒店管理专业学生更快熟悉并适应酒店客房部工作，广西水利电力职业技术学院酒店管理专业团队与现代学徒制校企合作企业南宁鑫伟万豪酒店联合编写本教材。

本教材是面向高职高专院校的酒店管理专业而编写的应用型教材，全书详细介绍了客房部各岗位职责、工作标准、工作要求、工作流程等以及典型案例，为学习者提供客房服务与管理相关理论知识和实践指导，同时也可作为相关从业人员的参考用书。

在编写过程中，我们多次与南宁鑫伟万豪酒店人力资源总监李捷女士、客房部行政管家徐磊先生进行探讨，以客房部工作标准为出发点，从酒店运作中吸取相关的实践经验，以科学严谨的态度，遵照行业标准，将理论与实践结合，编写相关的模块，使本教材具有实用性、科学性和可行性。全书呈现以下特点：

（1）围绕酒店客房服务与管理实际的工作任务，突出工作任务与知识的联系，采用任务导入、任务驱动，使学生在做中学、学中做。根据酒店行业标准，把酒店客房运作程序、管理制度、服务规程等引用到教材中，使教学与实际工作紧密结合，具有较强的实用性。

（2）文字表达力求浅显易懂，内容深入浅出，适用性强，加大了实践环节的比重，以实际工作任务为驱动，重视职业岗位能力的培养，以提高学生的专业技能和整体素质。

（3）在编写过程中以现代学徒制校企合作为契机，注重行业的技术发展动态和趋势，参阅了行业标准规范和行业最新实践成果，力求反映酒店客房部各岗位的最新动态。

本教材由广西水利电力职业技术学院和南宁鑫伟万豪酒店共同编写完成。王晓迪担任主编并负责全书统稿和修改定稿，徐逢春负责教材大纲起草、搜集图片、整理案例，模块一由王晓迪、何燕萍编写；模块二由王晓迪、徐逢春编写；模块三由阮开宁编写；模块四由朱毅、谭飞华编写；模块五由陈薇薇编写；模块六由昌海燕编写。

本教材在编写过程中查阅、参考和引用了大量的相关文献资料，还得到许多领导、同事和业内人士的大力支持，在此表示衷心感谢。由于参编教师的知识和经历有限，书中难免有不足之处，敬请读者批评指正。

编者

2020 年 3 月

目 录

模块一

客 房 部 概 述

学习目标

1. 掌握客房部的概念。
2. 了解客房部在酒店中的地位与工作任务。
3. 熟悉客房产品的特点。
4. 熟悉客房的设计与布局。
5. 熟悉客房部的组织机构。
6. 掌握客房部各岗位的职责。

项目一　客 房 部 认 知

任务导入

酒店现场认知——走进客房部

（1）通过网络、书籍等形式查找客房产品相关资料，了解客房类型、特色客房、客房设备用品、客房服务等。

（2）由老师带领学生参观当地四星级或者五星级酒店。在参观过程中邀请酒店工作人员进行现场讲解，让学生对酒店客房部有感观上的认知。

（3）以小组为单位，以“走进客房部”为题，每个小组制作 PPT 课件，选派代表在课堂演示介绍，老师进行点评。

课程内容

一、客房部的定义

宾客办理入住手续后便可进入酒店客房。客房是酒店的核心产品，客房

案例分析

一份寄出去的真情

5月的一天，小刘刚上班，同事就告诉她："有位张先生请你到915房去。"小刘敲开了915房的门，开门的是一位40多岁的男子，宾客一见小刘便说："你是刘小姐吧？感谢您帮我将西服寄到南宁。"原来两个月前，由于张先生有急事退了房，但是正在干洗的西服落在了酒店没带走，服务员小刘知道客人很珍爱这件西服，但客人这是第一次来沈阳，不知道下次什么时候会再来，怎么办好呢？小刘决定按照住宿单上的地址，将西服寄给张先生。在邮寄时小刘还附加了一张卡片，祝他阖家幸福、工作顺利。

张先生说："这次我到沈阳出差，专程入住了这家酒店，这是50元钱，请您务必收下，就算作为邮费的补偿吧。"小刘不好意思地对张先生说："这是我应该做的，欢迎您下次光临。"

【评析】

现在业界普遍认为酒店服务是一种即时服务，也就是一种与宾客面对面的服务，当宾客离开酒店，服务即告结束。实际上，对酒店来说，除了做好面对面的即时服务，售后服务也很重要。因为对于外出的客人来说，如果离开酒店回到家里或工作的地方，仍然能感觉到酒店送来的温馨与关照，那种愉悦的心情是难以用语言来表达的，而且将回味无穷，宾客由此产生对酒店的感情也会比仅在酒店享受服务要深得多。正因为如此，本案例中的张先生才会借出差之机特意从南宁到沈阳看望为其寄西服的服务员小刘，也使得酒店多了一位潜在宾客，甚至是一位忠诚宾客。售后服务做得到位，是使满意宾客转变为忠诚宾客的有效措施。

（三）做好安全管理，保障宾客的人身与财产安全

安全是酒店一切工作的保障，是宾客最基本的需求之一。客房是为客人提供休息的地方，必须时刻保障楼层的安全，防止不法分子进入客房，保证宾客的生命安全和财产安全，为客人提供一个安宁的私密环境，使宾客有安全感。

（四）搞好协调配合，为酒店其他部门提供服务

为保证酒店整体的有效运行，酒店各部门之间要通力合作，相互配合。例如，客房部要与工程部密切合作，保持设施设备有效运行，提高它们的使用效率，从而减少设施设备的清洁与维修投资；客房部的服务员要为其他部门提供工作场所的清洁与保养；客房部的布草房和洗衣房，为整个酒店提供

布草和员工制服的洗涤、保管和发放服务等。

四、客房产品的特点

（一）季节性

旅游业具有明显的季节性，酒店行业在经营的过程中也同样有淡季和旺季之分。旺季时，应保证“旺季不乱”，客房部要做好人员调配，最大限度挖掘现有接待能力，获取最大经济收益。淡季时，力争“淡季不淡”，客房部应做好员工培训和设施设备的维修保养，并推出一些有特色的促销活动。

（二）差异性

随着客源结构的日趋广泛，宾客层次的日趋丰富，各个国家、各个年龄层次、各种职业的宾客纷纷从四面八方涌来，他们的身份地位不同、生活习惯相异、文化修养与个人爱好都各有差异，使酒店的接待变得更为复杂，差异还将越来越大。因此，客房部员工要善于揣摩宾客的心理，用心工作，给宾客提供满意的服务。

（三）不可贮存性

客房作为一种特殊商品，具有价值不可贮存的特点，客房的价值不是凝结在具体物品上，其价值实现是在宾客的使用过程中，若在规定的时间内不能出售，当天的价值就会消失。所以客房管理人员必须及时了解住房信息，根据酒店的业务情况，合理安排接待计划、确定科学的客房清扫程序，加速客房周转，避免降低客房价值。

五、客房的设计与布局

（一）客房的基本类型

不同类型的客房具有不同的功能布局、档次规格等，其适应的消费群体也不同。通常，客房的基本分类是按房间的数量与床的数量进行分类，可分为单人间、大床间、双床间、三人间以及套房。

1. 单人间

单人间又称单人客房，是在客房内放一张单人床的客房，适合单身宾客使用。一般酒店单人间数量较少，并且多把位置偏僻的房间作为单人间。单人间功能区域划分、布局、设备及客用物品的配备基本与大床间相同。

2. 大床间

大床间是在客房内放置一张双人床，主要适用于单身宾客、夫妻宾客以及商务宾客。针对商务宾客，许多酒店在大床间内增设先进的办公通信设备和办公用品以满足商务人士的办公需求。目前，酒店大床间的比例逐渐增加，多者可占客房总数的50%～60%。酒店大床间的设计与布局如图1-1所示。

图1-1 酒店大床间的设计与布局

3. 双床间

双床间的种类很多，可以满足不同层次宾客的需要。

(1) 配备两张单人床。中间用床头柜隔开，可供两位宾客居住，通常称为“标准间”。这类客房适合旅游团队和会议宾客使用，占酒店客房数的绝大部分。

(2) 配备两张双人床，可供两个单身旅行者居住，也可供夫妇或家庭旅行宾客居住，这种客房的面积比普通标准间大。

(3) 配备一张双人床、一张单人床，或配备一张大号双人床、一张普通双人床。这类房间是为了满足家庭旅行宾客需求。随着二胎家庭越来越多，这类符合客情的客房会越来越受到青睐。酒店双床间的客房设计与布局如图1-2所示。

4. 三人间

客房内配备三张单人床，它的功能区域划分、布局、设备配置基本与标准间相同，客房内日用品要求配够三份。这种客房一般在城镇或市郊的酒店出售。

5. 套房

套房是指由两个或两个以上相对独立、功能互不影响、互不干扰的区域组合而成的客房。主要分为：普通套房、豪华套间、总统套房等。

图 1-2 酒店双床间的客房设计与布局

（1）普通套房。普通套房也称标准套房、双开间，一般由一个卧室、一个客厅和一个卫生间组成。这类客房将会客区域与卧室分开，比较适合有朋友来访或几个朋友一起出游的宾客。

（2）豪华套房。由 3 至 5 间组成，包含卧室、客厅、起居室、餐厅、书房、娱乐室等。豪华套房的室内陈设、装饰布置、床具和卫生间用品等都比较高级、豪华，卧室中配备大号双人床或特大号双人床等。

（3）总统套房。通常由 5 间以上的房间构成，多者可达 20 多间，一般包含有总统卧室、夫人卧室、随员卧室、警卫室、会议室、书房、餐厅和厨房或酒吧间和厨房等，还有的设室内花园。房间内部装饰布置极为讲究，设备用品富丽豪华。因房价昂贵，出租率低，一般四星级以上酒店才设。

各酒店应根据目标市场客源结构来设计客房类型。如城市商务型酒店，主要客源为商务宾客，大床间的比例应多些；会议型酒店，接待的大多是团队宾客，应多设计一些标准双床间，以更好地满足宾客的需求。

（二）客房的功能设计布局

“客房是宾客的家外之家”，宾客的许多生活要求都依赖于客房的设计布局及客房所提供的设施设备。因此客房应该是一个私密的、放松的、舒适的、浓缩的集休息、私人办公、娱乐、商务会谈等诸多功能于一体的区域。一般可将客房室内区域分为睡眠区域、起居区域、工作区域、盥洗区域和贮存区域五个功能区，并配备不同的设施设备。

1. 睡眠区域

睡眠区域是客房最基本的功能区域，也整个客房中面积最大的功能区域，主要的家具和设备是床和床头柜。

床的质量与造型影响宾客睡眠的质量及客房气氛。客房内要求床高度合适、床垫弹性适中、床体牢固，并且使用时无杂声。

床的一般尺寸为：单人床宽 1.1～1.35m，长 2m；双人床宽 1.8～2.2m，长 2m；床的高度以床垫面离地 50～60cm 为宜。

床头控制柜既可以方便宾客放置物品，同时控制面板可以控制各种电器，现多采用手触按键式控制面板，并安装“一键式”总控开关，以满足宾客的需要，一般具备电视机、床头灯、台灯、夜灯、地灯、走廊灯等设备开关。另外在床头柜上还配有电话、铅笔、时钟等，并在床头柜下面隔板上摆放一次性拖鞋和擦鞋布等。

2. 起居区域

起居区域通常在靠近房间窗户处，放置小餐桌或茶几、沙发或椅子，供宾客休息、会客等。不过从住店宾客角度讲，客房是私密的空间，访客到来还是有很多不便；从酒店经营者角度考虑，酒店更希望住客使用酒店的经营场所会客。所以现在很多酒店的会客功能正在逐渐地弱化，则是将诸如阅读、欣赏音乐等很多功能增加了进去。套房则有单独的起居室，单独设置会客厅。

3. 工作区域

客房的书写、阅读区域在床的对面，也有设在窗前的。工作区域以写字台为主，传统的客房设计将写字台、行李柜、电视机柜设计为一体，称之为“三连柜”。近几年，三连柜式逐渐被独立的橱柜取代。写字台面上放有服务指南夹、旅游宣传资料、酒店宣传资料、笔、台灯等。房间内有可连接的免费网络，以方便商务人士办公使用。豪华套房和总统套房内则有单独的阅读区域与会议区域，在阅读区域会备有大型书桌、文房四宝及书架。

4. 盥洗区域（卫生间）

客房盥洗区域即卫生间。卫生间面积较小，一般为 4～8m^2，设计时应做到人性化设计。主要设施设备有淋浴、洗脸台和马桶三大卫生设施，同时酒店卫生间还应该做到干、湿区分隔，避免功能交叉与干扰。

卫生间设计在靠近走廊一侧，可为客房的睡眠区域起到隔音作用。由于传统的卫生间没有窗户且是封闭式，所以需要有充足的照明，还要有通风、排气等，因此，现在已经有些酒店对这种传统的模式进行了敞开式变革设计，使卫生间能够充分享受到自然采光，不仅可以节约能源，而且更方便宾客使用，如躺在浴缸里的宾客也能看到电视节目或是欣赏到客房窗外的美景等。

5. 贮存区域

贮存区域设有壁柜，壁柜一般进深45～60cm，宽度90～110cm，用以储存宾客的衣物、鞋帽、箱包，也可收藏备用的卧具，如枕头、毛毯、棉被等。壁柜内有衣挂、裤夹和裙夹，高星级酒店还放置熨斗、熨衣板、保险箱、防毒面罩、洗衣单等。壁柜内部装有随柜门开闭而自动开闭的灯，既增加壁柜内亮度，又节能，如图1-3所示。

（三）客房的设备与物品

客房内配备的客用物品通常可分为两大类，即客用固定物品和消耗物品。对这两大物品的管理是客房管理的重要内容，它对客房部的高效运转，甚至整个酒店的高效运转都起到重要作用。

图1-3 酒店客房贮存区域的设计及物品摆放

1. 客用固定物品

客用固定物品是指客房内所配备的可再次使用的物品，包括棉织品、巾类、客房内设施设备、租借物品等。这类物品仅供宾客在住店期间使用，不能损坏，更不能带走。

2. 客用消耗物品

客用消耗物品是指客房内配备的一次性使用物品，包括牙膏、牙刷、梳子、刮胡刀、小香皂、洗发水、沐浴露等。这类物品供宾客住店期间使用，离店时可带走。这类物品易消耗、价格相对较低。酒店一般允许宾客带走这类物品，以达到广告宣传的目的。但是酒店应该在客房内设置节约环保的小卡片，以提醒客人不可浪费。

（四）客房的设备与物品配置

客房的设备与物品配置设计的重点是让宾客感到舒适且方便，每一件设备与物品应充分发挥它的效用。表 1－1、表 1－2 列举了某五星级酒店双人间客房设备与物品的配置。

表 1－1　　双人间客房设备与物品配置

摆放位置	物品名称	单位	数量	摆放要求	备注
门把手	请勿打扰牌	张	1	挂在门把手上	
	请即清扫牌	张	1		
	送餐牌	张	1		
衣柜内	备用被子、枕头	套	2	物品摆放在柜内不同的格子内，整齐有序，方便取用	高档客房还配有熨斗和熨衣板
	防毒面具	个	2		
	衣架	个	4		
	裤夹	个	4		
	保险箱	个	1		
	拖鞋	双	2		
	擦鞋布	块	2		
	鞋拔	个	1		
	洗衣袋	个	1		
	洗衣单	张	水洗、干洗各 1 份		
	礼品袋	个	2		
小吧台	酒杯	个	2	物品摆放在吧台上，整齐有序，方便取用	
	杯垫	个	2		
	茶杯	个	2		
	杯盖	个	2		
	冰桶	个	1		
	冰夹	个	1		
	茶叶	袋	每品种茶叶 2 袋		
	咖啡以及伴侣	袋	各 2 袋		
	纸巾	张	若干		
	酒水单	个	1		
	烧水壶	个	1		
	小冰箱	个	1		小冰箱内食品要定期检查
	软饮料	瓶	若干		
	小食品	袋	若干	食品摆放在小冰箱内	

续表

摆放位置	物品名称	单位	数量	摆放要求	备注
床	床托	张	2	按照床的规格进行布置	高档客房、主题客房床上用品要体现档次与特色
	床垫	张	2		
	床单	张	2		
	被子	张	2		
	被芯	个	2		
	枕芯	个	4		
	枕套	个	4		
	床裙	个	2		
床头柜	床头柜	个	2	物品分别摆放在床头柜上，干净、整齐	
	便笺夹	个	1		
	便笺纸	张	若干		
	铅笔	支	1		
	酒店专用电话	个	1		
	电视遥控器及节目单	个	1		
	纸巾	盒	1		
	时钟	个	1		
茶几	烟灰缸	个	1	物品分别摆放在茶几上，干净、整齐	无烟楼层不放烟灰缸和火柴
	火柴	盒	1		
	纸巾	盒	1		
	椅子	张	2		
窗户	遮光窗帘	个	1	遮挡整扇窗户	遮光窗帘要错缝对接
	窗纱	个	1		
写字台	台灯	个	1	物品整齐摆放在写字台上	
	服务指南	个	1		
	读物	本	1		
	文件夹	个	1		
	信封	个	4		
	信纸	张	4		
	安全须知	个	1		
	宾客意见书	个	1		
	电话指南	个	1		
	菜单	个	1		
	圆珠笔	支	1		
	文具盒	套	1		
	针线包	个	1		

续表

摆放位置	物品名称	单位	数量	摆放要求	备注
写字台旁	椅子	把	1	物品整齐摆放在写字台旁	
	垃圾桶	个	1		
电视柜	电视	台	1	可放在电视柜上或悬挂墙上	
行李架	行李架	个	1		

表 1-2　　双人间客房卫生间物品配备

摆放位置	物品名称	单位	数量	摆放要求	备注
洗脸台上	牙具	支	2	物品整齐摆放在洗脸台上	洗脸台上多为一次性用品，牙刷、梳子、剃须刀等客用品放在专用的盒子内
	漱口杯	个	2		
	浴帽	个	2		
	护理包	个	2		
	香皂	块	2		
	剃须刀	把	2		
	小香皂	块	1		
	梳子	把	2		
	擦手方巾	块	2		
	面巾纸	盒	1		
洗脸台下	垃圾桶	个	1	物品整齐摆放在洗脸台下	
	体重秤	个	1		
	布草筐	个	1		
毛巾架	大浴巾	个	2	折叠摆放，大的在下，小的在上，脸巾悬挂端正	
	中巾	个	2		
	脸巾	个	2		
淋浴间	地巾	个	1	整齐摆放，方便宾客取用	浴袍根据酒店的要求进行准备
	防滑垫	个	1		
	浴袍	个	1		
	洗发水	个	1		
	沐浴露	个	1		
马桶上	卫生袋	个	1		
马桶旁	手纸架	个	1		
	手纸	卷	1		
	紧急呼叫按铃	个	1		
	电话分机	个	1		

特别提示：客房中所有的设施、物品可根据酒店的实际情况进行规定与调整，但是客用物品要做到一客一用或一天一换。

案例分析

缺少的物品

3月11日晚9点左右，8208客人打电话到前台说："你们的服务是怎么搞的？矿泉水没给我送，牙刷少一支。"当班接待员说："很抱歉，先生，我们马上派服务员给您补上，请您稍等。"客人很不高兴地说："你光道歉有什么用，马上给我送过来。"随即挂断电话，当班接待员立即打电话到台班说明情况。案例中的服务员为什么会出现这种差错？应该如何改正？

【评析】

当班服务员在为客人清理房间的时候，应该配备的物品却没有配，是他在工作上的疏忽造成了宾客的不满，之前酒店所做的努力全白费了，这就是100－1＝0的道理。上述体现出工作中的细节和工作后的检查至关重要。员工工作时要注意细节问题，同时管理者在检查工作时更要注重细节，管理的一半是检查，没有检查的管理那就是畸形的管理，是管理的一大缺陷。此外，在工作当中还要加强换位思考的意识，时刻把客人的利益摆在第一位。

（五）特色楼层与客房设计

长期以来，客房的有形产品呈现出千篇一律的"标准"模式，许多酒店客房的功能、布局、家具款式、布艺，每一个细节都大同小异，其实可以针对不同需求、不同偏好的客人提供不同标准与特色的房间，开发各类具有个性色彩的新概念客房，创造客房卖点，这也将是酒店业发展的必然趋势。

1. 无烟楼层

随着社会的发展与进步，世界酒店业将更加关注绿色理念在酒店中的应用，着力倡导"无烟酒店"的理念。因此国内很多酒店设计了无烟楼层，无烟楼层是指专门为不吸烟的宾客设置的禁烟楼层。完善的无烟楼层应做到全过程、全方位做到禁烟的设置和服务。电梯内设有无烟楼层的按钮，电梯与客房都应有专用的禁止吸烟标志。

2. 行政楼层

行政楼层也称为商务楼层，是酒店为高端宾客提供的24小时服务的场所。行政楼层的设施主要包括客房设施和楼层的公共设施两部分，行政楼层应该有如下功能与服务。

（1）客房内提供更完善和舒适的设备、用品及服务。行政楼层的客房比普通楼层的房间面积要求更大；客房设施设备要求豪华、装修高档；提供更高标准的客用物品，提供更舒适的体验；配备便于工作的各种办公用品、灯具、桌椅、多媒体电脑、带传真的电话、激光打印机、宽带网络、视频会议等。

（2）楼层的公共设施配套完善，为客人提供更高品质的、个性化的服务体验。服务包括入住登记、结账服务、餐饮服务、会议服务、翻译服务、管家服务、信息服务、休闲服务等。同时服务要求做到高效、准确、方便、舒适，富有针对性。

（3）行政楼层应有行政酒廊，设置服务台、小会议室、餐饮区、阅读区、商务区、卫生间、餐饮操作间等基本功能区域，行政楼层餐饮区域餐位数应不小于行政楼层客房数的三分之一，每天下午 2 点到 4 点进行欢乐时光活动，为客人提供下午茶点。

（4）可提供个性化、无缝隙链接的管家服务。管家服务是展示酒店高品位、高质量、个性化服务的标志。它将酒店中各项服务集中到一个高素质的人员身上，要求服务人员不仅具备良好的服务意识和对酒店各部门综合业务技能的熟练掌握，还应拥有丰富的工作经验、超凡的亲和力以及灵活的应变能力。

3. 主题客房

随着时代的发展，以及宾客的需求各异，主题客房将成为酒店的重要特色。酒店可根据不同宾客的需求偏好设计不同的客房产品，包括亲子儿童客房、智能客房、残疾人客房、女性客房等；也可根据不同的地域文化，开发各类“民俗客房”等；也可为增强客人的不同体验而设计影院客房、星空客房、海底世界客房等。

（1）儿童客房。随着亲子旅游者的增多，越来越多的酒店管理者意识到让孩子满意是酒店运营成功的重要途径。因此，不少酒店专门设有儿童客房，房间内有儿童床、游戏区、主题床品、儿童电视节目、儿童读物、绘本和画笔等，各种配备营造出一个小小的儿童乐园。儿童客房通常设置在父母房旁边，或者与父母房间连通，同时房间内还要配备儿童一次性拖鞋、洗漱用品、洗浴用品等。但是值得注意的是，儿童房内的所有设施设备一定要充分考虑到儿童使用的安全性。例如，为了预防儿童玩耍时出现磕碰现象，可将设施设备的突出棱角处进行防撞包边、包角。

（2）女性客房。时下，个性化的女性客房颇受青睐。“安全、卫生、温馨、方便”，是女性宾客入住酒店时最为关心的问题，因此，女性客房必须体现以上特点。

女性客房的功能布局、装修装饰、设备用品、环境氛围、服务项目、服务方式等都体现了女性化的格调，室内装饰富有浪漫情调，室内气氛温馨雅致，配有女性的专用毛巾、梳子、梳妆台、试衣镜、香皂、睡衣、女性杂志，并提供美容美发服务信息、出游最佳方案，在女士楼层内一律配备女性服务员和女性保安人员，女性客房每一处细节、每一项服务都悉心考虑女性的心理特点，充满女性气息。

(3) 残疾人客房。针对残疾人的市场需求，很多酒店推出了残疾人客房。但是目前很多酒店设置的残疾人客房并未达到残疾人客房的标准。残疾人的客房应该考虑以下几点。

1) 残疾人客房应便于到达、疏散和进出方便，门厅不应有门槛，出入口应有坡道，坡度应控制在12°以下。

2) 房间门、卫生间门均不小于90cm宽，不安装闭门器，卫生间门向外开启。

3) 门锁应为摇臂式的锁把，不宜用球形把手；客房门上110cm和150cm处各装一个门窥镜；防盗链的高度为100cm。

4) 客房卫生间应有较大的空间方便轮椅回旋（门与厕位间的空间间距不少于105cm)，内有特殊折椅，淋浴轮椅等；有残疾人的专用面盆、浴盆，在墙壁、浴缸、洗脸盆、马桶的旁边应设牢固的扶手，且扶手呈水平与垂直状态；面盆台面高度在70cm，台面下应无影响轮椅回旋的障碍物；毛巾架及挂衣钩离地面高度不超过110cm；卫生间有呼叫按钮。

5) 客房内有盲文服务指南。

项目二　客房部岗位设置与职责

任务导入

进入职业角色——熟悉客房部岗位职责

(1) 跟随老师参观本地2家不同规模的酒店，了解不同酒店客房部组织机构的区别。

(2) 通过网络查找客房部机构编制、岗位职责等相关资料，尽快进入角色。

课程内容

一、客房部岗位设置

客房部是酒店的服务部门、生产部门和消耗部门。客房部的管理机构设置是否科学、合理、高效，直接影响客房产品的质量。

（一）机构设置的基本原则

1. 扁平化原则

扁平化是相对于过去传统的高大型机构形态而言的，其特点是机构层次少，其主要优点是减少流通环节，提高效率。扁平化组织机构在客房部体现为：压缩管理层，将主管和领班合为一级，在楼层客房推行免检制，减少督导层岗位与人数，提高工作效率与运转效率。

2. 小型化原则

小型化要求机构规模小，分支机构和岗位设置尽量少。其优点是有利于强化管理、提高效率、减轻负担、提升服务品质。

需要强调的是，组织机构设置的扁平化和小型化并不是简单地减少机构层次和岗位，而是需要管理者重新分析业务，整合工作流程，提高工作效率，更好地为宾客服务。

（二）客房部组织机构

各酒店之间的客房组织结构都存在一定的差别，并没有固定不变的模式，酒店应结合实际情况，通过酒店的规模、等级、经营管理方式等因素来具体确定。酒店客房部的组织机构应遵循精简、高效、明确的原则，应是一个统一指挥、专职分工、层次分明、沟通顺畅的有机整体。一般四星级、五星级酒店的客房部组织结构设置如下。

1. 经理办公室

客房部经理办公室主要负责处理客房部的日常事务，负责文件和档案管理，以及与其他部门的沟通协调等事宜。如果经理室与客房服务中心设在一起，经理室的一些日常事务就可以由客房服务中心的人员来承担，从而无须再设岗位。

2. 客房服务中心

客房服务中心既是客房的信息中心，又是对客服务中心，负责统一调度对客服务工作，正确显示客房状况，负责发放客用品、控制员工出勤、失物招领、管理楼层钥匙等工作，并负责与其他部门进行联络协调等事宜。

3. 公共区域

负责酒店各部门办公室、餐厅（不包括厨房）、公共洗手间、衣帽间、大堂、电梯厅、各通道、楼梯、花园清洁与绿化和门窗等公共区域的清洁卫生工作。

4. 布草房

负责酒店所有工作人员的制服，以及餐厅和客房所有巾类的收发、分类和保管。对有损坏的制服和布草及时进行修补，并储备足够的制服和布草以供周转使用。

5. 洗衣房

适合于大、中型酒店的客房部组织机构，有些酒店洗衣房也会独立成为一个部门，负责洗涤员工制服和对客服务的所有布草，并为住店宾客提供洗衣服务，小酒店则可不设洗衣房，可将酒店的洗涤业务外包给社会上的洗衣公司。

除了以上几个部门，各酒店也要根据自己的客源结构、规模、档次、服务方式等情况进行不同的机构设置，目前我国酒店常见的客房部机构组织形式有以下两种。

（1）大、中型酒店客房部组织机构。大、中型酒店客房部业务范围比较广，其组织的规模也比较大，分工比较细，如图 1－4 所示。

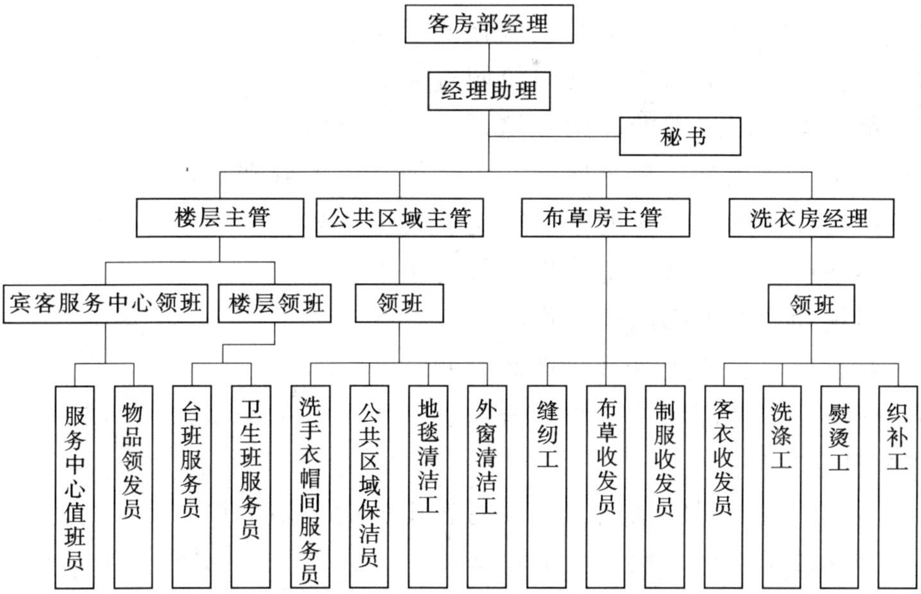

图 1－4　大、中型酒店客房部组织结构图

（2）小型酒店客房部组织机构。小型酒客房部组织机构的层次和分支机

构也比较少，要求员工一专多能，各个岗位工种往往是分工不分家。同时，客房部一些业务可采取外包制，如洗涤业务、公共区域清洁保养业务。小型酒店客房部组织结构如图1－5所示。

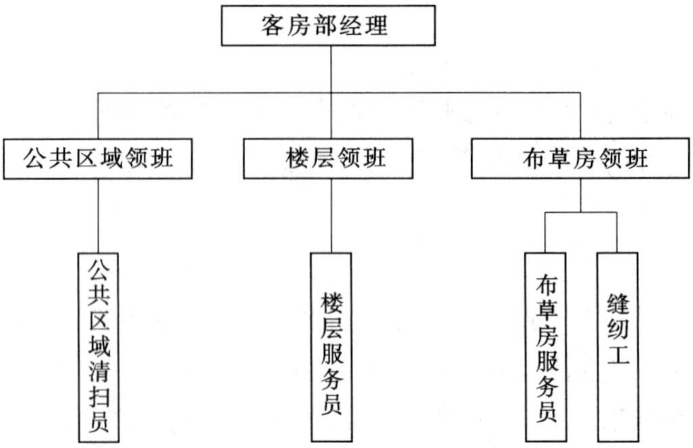

图1－5 小型酒店客房部组织结构图

二、客房部岗位职责

（一）客房部经理

（1）全面负责客房部工作，向总经理或分管房务的副总经理负责，制订本部门服务工作的规格、标准及规范化的工作程序。

（2）负责制订本部门员工的岗位职责及工作程序。

（3）负责本部门员工的聘用、培训及工作评估。

（4）制定房务预算，控制房务支出，做好成本管理工作。

（5）提出客房陈设布置的方案及更新改造计划。

（6）不断改进和提高客房管理工作的水平。

（7）巡视和检查本部门的工作状况。

（8）对客房服务质量进行管理和控制。

（9）保持与其他部门的联络和合作。

（二）楼层主管

（1）主管客房楼层的清洁卫生及对客服务的一切工作。

（2）督导楼层领班及服务员的工作。

（3）控制客房楼层清洁卫生及对客服务的标准。

（4）巡视楼层范围内客房，检查贵宾客房，抽查已清洁完毕的客房。

（5）处理住客的投诉及突发事件。

（6）与前厅部密切配合，核实客房状况差异，提供准确的客房状况。

（7）完成楼层工作日志。

（三）客房服务中心主管

（1）编制本部门员工排班表，记录考勤；检查所属员工的仪表、礼节礼貌、劳动态度及工作效率。

（2）建立失物招领档案，保管宾客的遗留物品，监督遗留物品处理程序的实施。

（3）统计、核实客房酒吧酒水的消耗量，并报有关部门。

（4）填写服务中心物品需求领货单，并到库房领取；对服务中心的物品、设备进行编号建档，定期核对；检查为宾客提供特殊服务的物品数量和完好率。

（5）随时掌握客房状态的变化，向前厅部、财务部提供准确的房态资料。

（6）培训员工，定期进行业务考核，督导员工为住店宾客提供各项服务。

（7）联系工程部，解决客房维修事项，建立工程维修档案；向客房楼层主管和工程部提供每日维修房的房号。

（8）向楼层主管报告贵宾房号、到店时间及要求。

（9）严格执行客房“万能钥匙”的管理制度，监督“万能钥匙”的收发工作。

（10）定期召开班组会，传达店内、部门内的指示和文件。

（11）准确无误地接听电话，并详细记录宾客交办事务，立即通知有关部门办理，内部事务按程序办理。

（12）填写工作日志，记录特殊事项和交接工作，办理物品外借手续。

（四）客房服务中心服务员

（1）接听电话，答复住客的咨询和要求，及时向有关方面传递相关信息并做好记录。

（2）记录楼层服务员对住店宾客酒水耗用量的报账并输入计算机，且随时与前台及财务部联系沟通信息。

（3）与其他部门沟通联系及传递信息，并将有关信息通报本部门员工。

（4）接到外线打来的员工私人电话只做记录，不能转接。

（5）负责对宾客遗留的物品进行登记、保管、寄发、上缴等工作。

（6）负责楼层钥匙（包括“万能钥匙”）的点收、控制、保管，严格执行借出和归还登记制度，对因工作过失造成的遗失负责任。

（7）管理各种表格。

（8）协助部门对员工上下班考勤情况进行检查及监督，发现员工不遵守考勤管理规定应及时向部门反映。

（9）负责保管、借出、回收专门提供给宾客使用的服务设备（如熨斗、熨板、电器插座、变压器等），借出、归还均要有详细的记录。

（10）记录酒水使用情况。

（11）负责报纸的发放和控制，并做好领发记录。

（12）根据楼层服务员的报告，对墙纸、地毯、沙发的维修保养情况做好详细记录，并及时通知保养班员工。

（13）负责安排宾客要求的看护婴儿服务或其他特别服务项目。

（14）做好开门情况的记录，做好各种交接及一切工作记录。

（15）保管、维护本部门的计算机等有关设备，保持工作环境卫生清洁。

（16）及时通知楼层领班即将抵店或离店的贵宾、旅行团的房号。

（17）完成主管和部门经理临时安排的其他工作。

（五）楼层领班

（1）督导客房服务员及楼层杂工的工作。

（2）负责所管辖楼层员工的工作安排和调配。

（3）巡视所管辖的楼层，检查客房清洁卫生及对客服务的质量。

（4）检查客房的维修保养事宜，安排所管辖楼层的客房大清洁计划。

（5）检查所管辖楼层各类物品的储存及消耗量。

（6）留意住客动态，处理宾客投诉。

（7）掌握及报告所管辖楼层的客房状况。

（8）负责对所属员工的考勤与考绩。

（9）填写领班工作日志。

（六）客房服务员

（1）清扫与整理客房，并补充客房供应品。

（2）为住客提供各项服务。

（3）报告客房状况。

（4）检查及报告客房设备、物品损坏及遗失情况。

（5）报告宾客遗留物品情况。

（6）清点布草。

（7）负责开启房门，让有关部门的员工进房工作。

（8）填写客房清洁工作报表。

（七）公共区域主管

（1）主管全酒店公共区域的清洁卫生工作。

（2）督导下属领班及清洁工的工作。

（3）巡视公共区域，检查清洁卫生质量。

（4）指导和检查地毯保养、虫害控制、庭院绿化、花卉布置、外窗清洁等专业工作。

（5）安排公共区域大清扫计划。

（6）控制清洁剂、清洁用品的消耗量。

（7）完成公共区域的工作日志。

（八）公共区域领班

（1）督导属下员工的工作。

（2）安排属下员工的工作及调配，全面完成各项清洁卫生工作及服务工作。

（3）检查公共区域的清洁卫生及服务情况。

（4）检查及报告公共区域内设施、设备、用品的损坏情况。

（5）检查衣帽间及洗手间的清洁和服务状况。

（6）控制清洁剂及清洁用品的消耗。

（7）填写领班工作日志。

（九）布草房主管

（1）主管全酒店的布草及员工制服。

（2）督导属下的领班及员工的工作。

（3）控制布草及制服的运转、储藏及损耗。

（4）定期报告布草及制服的损耗量，制定预算，提出补充或更新计划。

（5）与餐饮部，洗衣房及客房楼层保持密切联系与协作。

（6）填写布草房工作日志。

（十）布草房领班

（1）负责属下员工的工作安排和调配。

（2）负责属下员工的考勤与考绩。

（3）协助主管控制布草及员工制服。

（4）监督所有布草、制服的收发、分类和储存。

（5）填写领班工作日志。

（十一）布草、制服服务员

（1）负责所有布草、制服的接收、送选、发放、清点及记录工作。

（2）负责撤运及储藏布草和制服。

（3）对洗烫完毕的布草和制服进行检查，发现问题及时报告。

（十二）缝补工

（1）负责修补布草、制服、窗帘、软垫套等。

（2）负责客衣的小修小补。

（3）将报废的布草、制服改制成其他有用的物品。

小资料

客房部的“Runner”

一些国际品牌酒店在客房部设有Runner这个岗位，类似客房楼层服务员，主要工作为：检查走客房、跑（完成）任务，如收客衣、补充客房小酒吧物品、送租借物品等，帮助住客解决各种问题，满足宾客合理的、个性化的需求，担任Runner的员工要求反应迅速、思维敏捷，有良好的职业素养，工作认真、细心，能够灵活应对突发事件。

（资料来源：汝勇健.《客房服务与管理实务》.东南大学出版社，2017）

拓展练习

（1）在激烈的市场竞争中，没有特色的产品就没有竞争力，结合本地酒店业发展现状，谈谈如何打造酒店客房产品的特色，并以“打造特色酒店客房”为题制作成PPT课件，进行小组介绍。

（2）画出酒店客房部大、小型的组织结构图并描述各岗位职责。

模块二

客房清洁与保养

学习目标

1. 了解清洁客房使用的主要设备及其用法。
2. 掌握客房日常卫生清洁的工作流程。
3. 掌握客房清洁的各项服务标准与技能，并能独立操作。
4. 熟悉客房专项清洁保养的要求及项目。
5. 熟悉公共区域的清洁范围。

客房清洁保养是客房部的一项主要任务，也是酒店一切工作的基础和前提，清洁保养工作的好坏直接影响客人对客房产品的满意度，以及酒店的形象、氛围和经济效益。

清洁是清除各种脏迹，使被清洁的对象达到酒店所要求的标准；保养是指维护保养，其目的是保证设施及设备处于正常完好的状态，延长其使用寿命，减少维修及更新改造的资金投入；卫生指杀菌消毒，使环境及物品符合生化要求。本模块将重点介绍客房清洁保养工作的相关技能与知识。

项目一　客　房　清　洁

任务导入

客房服务员繁忙的一天

学生以小组为单位，利用课余时间，到校企合作酒店进行跟班学习，了解客房的清洁工作，了解客房服务员一天的工作安排，并以“客房服务员的辛劳”为题，进行小组讨论，总结客房清洁工作的要点以及工作流程，教师进行点评总结。

课程内容

住酒店，主要是住客房。有位酒店的行业专家曾经说过：“客房是酒店的心脏，除非客房的装修完好、空气新鲜、家具一尘不染，否则你将无法让客人再次光临。”由此可见，客房清洁工作在客房服务乃至整个酒店的运营当中占据至关重要的地位。

客房清洁是一项较为复杂的工作，其中包括准备工作、客房清洁、更换添补物品等，环节多、项目多、技能多。为了使清洁工作能够有条不紊地进行，同时避免过多的体力消耗和意外事故的发生，客房服务员应根据不同状态的房间，严格按照清洁的程序和方法进行清洁，使之达到酒店规定的质量标准。

对于客房部的楼层服务员来说，其一天的客房日常卫生清洁工作流程，主要为：整装投入工作—签到领取任务—分析掌握房态—参加员工早会—清洁前准备工作—客房卫生清洁—自查并汇报工作—主管（领班）查房。

一、整装投入工作

客房服务员上班后，应首先换好工作服，佩戴工作牌，梳理好头发，穿好布鞋，男员工的袜子颜色应与鞋子的颜色和谐，通常以黑色为首选；女员工应穿与肤色相近的丝袜。女服务员可适当化妆，保持清洁整齐的外貌仪表。

二、签到领取任务

客房服务员换好工装后首先要到客房服务中心签到，听取楼层的工作安排，领取《客房服务员工作日报表》，每位服务员要明确自己当天的工作楼层、客房号、当日客情、房态以及特殊要求或特殊任务等。客房服务员工作日报表见表2-1。

服务员在接受工作任务后，要领取工作钥匙。工作钥匙由主管或客房中心文员统一收发管理。钥匙必须保存在钥匙柜内，发放钥匙的主管必须在上班和下班时签领和签还。客房服务员领取工作钥匙时，必须亲自签字，填写《钥匙领用表》，清洁完客房后也必须在当天签还。楼层钥匙管理规定见表2-2。

表 2－1　　**客房服务员工作日报表**

楼层：________　　姓名：________　　日期：________

房号	状况	人数	清洁时间		维修项目	备注
			入	出		
01	OCC	2				
02	VIP	1				
03	OOO					
04	LSG	1				
05	VC					
06	OCC	1				

表 2－2　　**楼层钥匙管理规定**

序号	操作步骤	要　领
1	领用	客房领班发给客房服务员。 领用人须在《钥匙领用表》上写明领用时间并签名
2	使用	非本部门的员工需由领用钥匙的员工负责开启房门。 按照开门程序执行
3	保管	钥匙要随身携带，不得随手放在工作车上
4	归还与交接	在领班监督安排下交接下班员工，或交给客房领班，双方签名确认

三、分析掌握房态

接到工作任务后，客房服务员要分析和了解负责清扫客房的状况，确定清扫房间的顺序，避免打扰客人休息，并能够及时满足客人的清扫需要。

（一）掌握房态

客房状况又简称为房态，为方便输入及填写，房态通常都采用英文缩写，

做：做床。

擦：擦家具设备及用品，从上到下，从里到外环形擦拭。

查：查看家具用品有无损坏、配备物品有无短缺，是否有客人遗留物品，边擦边检查。

添：添加房间客用品，宣传用品及经过洗涤的茶具、杯具等（此项工作后进行卫生间的清理）。

吸：地毯吸尘由里到外。

关（观）：观看房间清洁整理的整体效果；关灯，关门。

登：在服务员工作日报上做好登记。

知识链接

卫生间清扫的九字诀

开：开灯，开换气扇。

冲：放水冲马桶，滴入洁厕剂。

收：收走客人用过的毛巾，洗刷用品及垃圾。

洗：清洁墙面、干湿玻璃、马桶和面盆。

擦：擦干净卫生间各部位。

消：对卫生间各部位进行消毒。

添：添补卫生间的棉织用品及消耗用品。

刷：刷洗卫生间的地面。

关（观）：观察和检查卫生间工作无误后即关灯并把门虚掩，将待修项目记录下来上报。

（二）客房卫生清扫

1. 走客房清扫

走客房的清扫，除了要进行全面清扫整理外还需彻底检查。客人是十分介意在房间内看到之前客人留下的痕迹，例如卫生间内残留的毛发、抽屉里面遗留的物品等，尤其要注意床底、抽屉、衣橱等位置。走客房的清扫服务流程与规范见表 2－4。

2. 住客房清扫

住客房的清扫，应该注意动作要轻便、快捷，以便更快地为客人提供休息空间。住客房的清扫服务流程与规范见表 2－5。

表 2-4　　走客房的清扫服务流程与规范

序号	操作步骤	操 作 要 领
1	进入客房	按进房程序进入客房（见“客房清扫基本服务技能”）
2	停放工作车	工作车挡住房门，开口向着房内，方便取用物品，防止闲杂人员进入客房
3	检查电源开关	检查灯具有无破损。 熄灭多余灯具。 发现损坏立即报告给客房部文员
4	开窗或开空调	打开窗户（或空调）
5	拉开窗帘	窗帘、窗纱都要拉开
6	环视客房	检查客房是否有异常情况
7	检查小酒吧	有无消耗，及时补充。 将账款输入电脑，填写账单
8	收烟灰缸和杯具	玻璃杯装进脏的玻璃杯筐，进行统一的清洗消毒。 脏杯子将在每层楼的洗消间进行消毒清洁
9	收集垃圾	垃圾倒入垃圾袋、清洁垃圾桶、更换垃圾袋（垃圾桶垫）
10	撤床	按撤床程序撤床（见“客房清扫基本服务技能”）
11	清洁卫生间	按卫生间清扫程序清洁（见“客房清扫基本服务技能”）
12	铺床	按铺床程序铺床（见“客房清扫基本服务技能”）
13	除尘、除渍	从上到下、从里至外，环形清扫，注意抽屉、衣橱和床底，注意角落
14	补充房间用品	根据酒店规定补充客用物品
15	拉窗帘	将轻纱拉上，遮光窗帘正好遮住窗框位置，纱窗帘须合拢
16	吸尘	由里向外、边吸边检查地毯有无污渍破损、调整家具、注意边角处吸尘
17	自我检查	环视房间，检查有无遗漏之处
18	调空调	关空调
19	关门离开	关灯后退出房间，关上房门。 关门后注意回推一下，确认锁上
20	填写《日报表》	按要求逐一填好

表 2-5　　住客房的清扫服务流程与规范

序号	操作步骤	操 作 要 领
1	进入客房	按进房程序进入客房
2	停放工作车	工作车挡住房门，开口向着房内。 在客房门把上挂“清洁中”的牌子
3	检查电源开关	检查灯具有无破损。 熄灭多余灯具。 发现损坏报告给客房部文员

续表

序号	操作步骤	操 作 要 领
4	开窗或开空调	打开窗户（如客人在房内，需征求意见）
5	拉开窗帘	厚薄两层窗帘都要拉开（如客人在房内，需征求意见）
6	环视客房	检查客房是否有异常情况
7	检查小酒吧	有无消耗，及时补充。 通过电话将账款输入电脑，填写账单
8	收烟灰缸和杯具	玻璃杯装进脏的玻璃杯筐，进行统一的清洗消毒。 脏杯子将在每层楼的洗消间进行消毒清洁
9	收集垃圾	垃圾倒入垃圾袋、清洁垃圾桶、更换垃圾袋（垃圾桶垫）
10	撤床	按撤床程序撤床（见“客房清扫基本服务技能”）
11	铺床	按铺床程序铺床（见“客房清扫基本服务技能”）
12	除尘、除渍	从上到下、从里至外，环形清扫，注意抽屉、衣橱和床底，注意角落
13	补充房间用品	根据酒店规定补充用品
14	清洁卫生间	按卫生间清扫程序清洁
15	拉窗帘	将轻纱拉上，遮光窗帘正好遮住窗框位置
16	吸尘	由里向外、边吸边检查地毯有无污渍破损、调整家具、注意边角处吸尘
17	自我检查	环视房间，检查有无遗漏之处
18	调空调	调制规定温度
19	关门离房	关灯后退出房间，关上房门。 客人在房间，礼貌道别，退出，关房门。 关门后注意回推一下，确认锁上
20	填写《日报表》	按要求逐一填好

住客房清扫时需注意如下几点：

(1) 最好选择客人外出时打扫房间或是客人特别吩咐时去打扫房间，应该尽量避免打扰客人。

(2) 如客人在房间时，进入客人房间前先按门铃或敲门，进客房后要礼貌问好，询问客人现在是否可以清洁房间。打扫房间时，操作要轻，动作要敏捷，不要与客人攀谈。若遇到有来访客人，应询问是否继续进行清洁工作。清洁完毕，应询问客人是否有其他要求，然后向客人行礼后退出房间，轻轻关上房门。

(3) 如客人中途回房，服务员应先礼貌请客人出示客房钥匙或房卡，确认是该客房的住客后，才能让客人进入。

（4）清扫时出现如下状况的处理：①客人放在椅子上或床上的衣服，外衣可挂在衣柜里，内衣、睡衣折叠后放在床上。②客人的文件、相机、计算机、笔记本等私人物品不可翻看。③钱包、笔记本、现金、珠宝等贵重物品不能随意触摸。④收垃圾时，要仔细、谨慎，即使是放在地上的物品，只要客人没有丢进垃圾桶内，只能帮客人做简单整理，千万不要随意丢弃。⑤如果客人把鞋放在鞋篮内，要帮助客人进行简单擦拭。⑥房间电话铃响时，不能随意接听。⑦若房内有加床，整理完毕后，应添一份客用品，不能遗漏。

案例分析

温馨周到的服务

某酒店的客房服务员小莫，工作仅短短三个月的时间，她平时工作认真负责，被酒店评为出彩招待。一次，当小莫打扫到小黄鸭主题客房时，因为房间住有小孩子，所以客房非常凌乱。她发现房间内小孩子的物品特别多，小孩用的文具都散乱在地上、床上和沙发上。为了能给客人腾出更多的空间，于是小莫把小朋友的玩具全部收拾起来并摆放在帐篷内，客人的衣服也一件一件的折好摆放在衣柜内。考虑到小朋友洗澡地板会滑，她多放了两张防滑浴垫在卫生间，同时还配了一张小孩洗澡的凳子在房间并留言告知客人。小莫这些温馨的举动给客人留下了深刻的印象，得到了客人的高度赞扬。

请问通过此案例，你学到了什么？

【评析】

作为客房服务员除了要掌握客房清扫的程序与技能之外，同时还要为客人提供周到、细致的服务。客房的服务不是简单的清扫，更是要让客人感受到家的温暖，感受到真正的人性化服务。

3. 长住客房清扫

长住客房也称为长包房，这部分客房常用作公寓或作为办公室。长包房客人通常起居生活有一定的规律性，服务员需善于观察，提供个性化的服务。长包房清洁整理的程序与普通住客房基本一致，清扫长包房时还需注意以下几点：

（1）清扫时间与客人协商，尽量安排在客人外出的时间。

（2）房内用品摆放要兼顾长住客的爱好、习惯。

（3）根据酒店与长住客所属公司签订的合同要求，为其提供客房用品和饮料。

（4）床上棉织品及客用消耗品等按有关合同的规定和要求进行更换和补充。

（5）注意收集客人的信息资料，提供个性化的服务。

4. 空房清扫

空房长期处于空闲的状态，房间内可能有灰尘、地面上可能有脚印。为保持空房随时可出租，客房服务员须每天对空房进行简单的清扫整理。主要工作为：

（1）每天进房开窗、开空调，通风换气。

（2）用干抹布除去家具、设备及物品上的浮尘。

（3）每天将浴缸和脸盆的冷热水及马桶水放流1～2分钟。

（4）如果房间连续几天为空房，则要用吸尘器吸尘一次。

（5）检查房间有无异常情况，检查浴室内“五巾”是否因干燥而失去弹性和柔软度，必要时要在客人入住前更换。

5. 请勿打扰房的处理

服务员进行客房清扫时，有时会在房门外发现挂有两种牌子，一个是“立即打扫”；一个是“请勿打扰”。现在很多酒店替换了挂牌，采用绿灯与红灯分别代表“立即打扫”和“请勿打扰”。房门外“请勿打扰”的红灯亮着，有几种情况：

（1）客人在房，不希望有人打扰。

（2）客人忘记及时关灯。

（3）客人外出或已退房。

（4）客人不在房，但也不希望服务员进入。

如果“请勿打扰”的牌子（灯）一直挂置（亮着），处理方法如下：

（1）房门上挂着“请勿打扰”牌或开启“请勿打扰”灯，服务员在酒店规定时间（通常是下午2点）前不能打扰客人，可主动将告示条从门缝塞进客房，以提示客人。

（2）下午2点后，如果房门上一直挂着“请勿打扰”牌或开启“请勿打扰”灯，又未见客人进出客房，服务员应向主管（领班）汇报，然后由主管（领班）打电话与客人联系。

（3）如客人接听电话，则询问客人何时可以清扫房间。如果客人谢绝服务，主管（领班）需进行记录并向中班主管交接，待晚上客人需要时再为其清扫。如电话无人接听，主管（领班）应和保安部员工一起前往客房敲门，确认无人后进入房内，查看房内有无异常。

知识链接

“请勿打扰”房的处理——告示条

发现房门有“请勿打扰”的标志或房间上了双锁，服务员可主动将相应告示条从门缝中塞进客房，以提示客人。例如：

尊敬的王先生：

非常抱歉，因为下列原因未能及时为您提供清扫/夜床服务：

（√）门上挂了“请勿打扰”牌

（ ）双锁

若您需要，请拨打电话×××—×××××××××，我们将随时为您服务。

谢谢！

客房服务：刘晓彬

2019 年 6 月 5 日

（三）客房清扫基本服务技能

1. 开门进入客房

清洁整理工作是从进房开始的，客房是客人入住后的“私人场所”，服务员在任何时候进入客人的房间，都必须遵守相应的规程。开门进入客房服务流程与规范见表 2－6。

表 2－6　开门进入客房服务流程与规范

序号	操作步骤	操作要领
1	观察门外情况	门上有无“请勿打扰”牌或指示灯，若有则不能按门铃（敲门），应该悄悄离开，避免打扰客人
2	敲门	站立在猫眼前，0.5～1m 位置，目视前方，站立姿势要规范，方便房内客人观察。 按门铃，或以手指骨节的位置在门上轻敲三下。 敲门时轻重适当，声响适度，节奏不宜过快。不能连续按门铃或连续敲门
3	等候	敲门后等候 5 秒钟。 注意房内有无声音，若有，可以回答“您好，客房服务员”，或回答“Housekeeping，please”。 若房内无发问声，等候 5 秒钟后，第二次按门铃（敲门）

续表

序号	操作步骤	操作要领及质量标准
3	套被套	站在床尾，用甩单同样的方法将被套前头甩开并抛至床头（注意：被套开口朝向床尾；被套前头不能落地）。 两手抓住床尾位置的被套一次性将其抛开，平铺于床上。 打开被套开口，将叠好的被芯放入开口内（放入之前注意在工作台上检查被芯的叠放方法）。 找到被芯前面两个角，一次性套入被套内，被芯头部塞入被套顶部并填实，抖开被芯，双手用力向上向前将被子前头抛至床头，将被芯后面两个角套入被套内，同时整理被芯侧面两边，四角饱满，被芯与被套两边的空隙均匀，然后将被套开口处的绑带系上。 抛开羽绒被，被头拉到与床垫的床头部位齐平，一次定位成功，然后将被头朝床尾方向反折45cm。 要求被套中线居中，与床单中线重合；羽绒被在被套内四角饱满，羽绒被在被套内两侧两头平整，被套表面平整光滑，被套口平整且要收口，被芯、绑绳不外露（注意：如果被子中线偏了，应该从被子短的一侧开始反折被头）
4	套枕套	抖开枕套，撑开枕袋口，将枕芯平放在工作台上，竖折成一半，一只手抓住枕芯两边，一只手拿住枕套开口处，将枕芯塞入枕套内，可以边提边抖动，使枕芯全部进入枕套里面。 将超出枕芯部分的枕袋掖好，枕套开口包好不外露，并把袋口封好。 要求套好的枕头四角饱满，外形平整挺括，枕芯不外露
5	放枕头	将枕头放置于床头正中，要求两个枕头整齐重叠，与床头平齐，枕头开口朝下并反向床头柜，放好的枕头距床两侧距离均等，整个枕头表面平整、光滑、无皱折，枕套中线与床单中线在一条线上
6	铺床旗	距离床尾30cm处，将床旗正面朝上展开铺放，使之平整、两端下垂均匀

撤床的服务流程与规范见表2－9。

表2－9　撤床的服务流程与规范

序号	操作步骤	操作要领
1	卸下枕套	双手拿枕头套两个角，将枕芯抖出；注意检查有无夹带客人物品；检查枕芯是否干净，随脏随洗，保持枕芯干净
2	卸下被子	一手拿被套，一手拿被子，将被子从被套中抽出
3	撤床单	将床单四个角拉出，拆下床单；注意检查席梦思保护垫是否干净，随脏随洗
4	收脏布草	将撤下的脏布草放入工作车，脏布草不能放在地上

3. 清扫卫生间

卫生间清洁服务流程与规范见表2－10。

表 2-10　　卫生间清洁服务流程与规范

序号	操作步骤	操作要领
1	准备	把清洁用品、工具拿到卫生间，放在地板上
2	撤换	把所有脏毛巾拿走，放入工作车装脏布草的袋子内。 不可将撤掉的脏毛巾放在工作车的上面，或者丢弃在走廊
3	喷清洁剂	取不同清洁剂分别喷面盆、浴缸、马桶内，将清洁剂放回原处
4	清洗墙面、台面	用清洁剂刷洗大理石台面、瓷砖墙面，用清水冲洗干净。 用抹布清洁镜子，所有的玻璃品必须干净
5	清洗脸盆	用清洁剂刷洗面盆及龙头，用清水冲洗干净。 注意金属器皿要擦干净，不能有水迹、锈迹
6	清洗浴缸	清洗浴缸，用清洁剂刷洗浴缸上方三格瓷砖和浴缸内外，擦洗喷头及龙头；打开喷头，冲洗瓷砖墙面及浴缸
7	清洗马桶	用清洁剂依次清洗马桶水箱、马桶盖板正反面、马桶坐板正反面、马桶座底，用清水冲洗干净。 用马桶刷刷洗马桶内壁，放水冲洗干净。 用布擦干。依次按马桶坐板正反面、马桶盖板正反面、马桶水箱、马桶座底的顺序擦干
8	消毒“三缸”	用消毒水喷洒面盆、浴缸、马桶内壁、马桶坐板
9	擦地面	用抹布将卫生间地面擦干净

注意：按照标准使用清洁用品，正确调配清洁剂浓度比例，切勿用太强烈清洁剂。

4. 开夜床服务

《旅游饭店星级的划分与评定》（GB/T 14308—2010）规定，四星级（含）以上旅游饭店必须提供开夜床服务。开夜床服务就是对住客房进行晚间寝前整理，又称“做夜床”或“晚间服务”。开夜床服务主要是为客人提供干净整洁的夜晚环境，增强客人的舒适体验感，表示对客人的欢迎和温馨慰问。传统的开夜床服务是放置晚安致意卡，而现在很多酒店提供的个性化的开夜床服务，除了放置慰问卡以外，还会放上客房的赠品，这些赠品不但可以给客人留下深刻的印象，同时还有对外宣传的作用。如下提供的是 2017 年广西酒店行业技能大赛，中式铺床开夜床中第一名的作品，如图 2-4 和图 2-5 所示。

开夜床服务流程与规范见表 2-11。

图 2－4　2017 年酒店行业技能竞赛项目——开夜床

图 2－5　2017 年酒店行业技能竞赛项目——开夜床床头柜物品摆放

表 2－11　　开夜床服务流程与规范

序号	操作步骤	操　作　要　领
1	进入房间	依照《敲门进入客房的服务流程与规范》进入客房。 客房服务员准备好工作车及礼品（如鲜花、糖果、牛奶等）
2	检查房内设施	进入房间后，客房服务员打开房内所有的灯，检查床头灯的调节功能是否正常，检查房内的空调、音响、电视是否正常。 发现灯光较暗或灯泡损坏应及时报给客房部文员
3	更换房内用品	撤出客人用过的餐车或餐具，并通知送餐部。 更换、清洗客人用过的水杯、茶具、烟灰缸。 清理房内及洗手间的垃圾，并更换垃圾袋

续表

序号	操作步骤	操作要领
4	开夜床	开床前，要检查床上有无客人的物品。若有，要将物品放到一边的床头柜上。 撤掉床旗，折叠好后放进衣柜里面，不要放在椅子上或沙发上。 将棉被一角反向折30°。 枕头放平。 将睡衣、酒店赠送的小礼物、洗衣袋放到床尾处。 将晚安卡、糖果、饼干等甜点和阅读杂志等放在床头柜上，拖鞋脱去塑料袋并平放在地巾上。 拉上窗帘，确保不透光，打开床头灯并调至弱光。 擦拭桌面、桌边及床头柜等家具，根据客人要求整理衣物
5	清理浴室	更换客人用过的巾类、卫生纸等用品。 将地巾平放在浴缸旁边或淋浴间外的地面上，酒店标志面向浴缸（淋浴间）
6	离开房间	复检房内物品是否备齐

开夜床服务时，还应该注意如下几点：

开夜床的时间：晚上6：00—9：30，对于长驻客人，应该事先和客人商量何时进行开夜床服务。

（1）一位客人住双床间：住一位客人时要开靠卫生间的一张床（除客人特别要求外）。

（2）两位客人住双床间：如没有确认住两位客人时，不要开两张床，尤其是女宾，以免引起误会；如果确认两位客人时，在两张靠床柜那一面开床，放晚安卡在床头柜上。

（3）一位客人住大床间：开靠控制板的一面，开床头灯，并摆放晚安卡在床头柜。

（4）两位客人住大床间：两边床都开，开两个床头灯，并摆放两张晚安卡在床头柜。

案例分析

占为己有的巧克力

某酒店开夜床时，给每个房间赠送了两颗巧克力。第二天退房后，当客房服务员打扫房间时发现客人没吃留在房间的巧克力。于是，客房服务员便自己留下，久而久之便形成了占为己有的风气。

请问客房服务员应该如何处理这些巧克力呢？

【评析】

客房服务员不能将巧克力自己留下，应该要尽量回收。每节约一点，都能为酒店节约开支。巧克力属于免费赠送的小吃，和牙具、梳子的使用性质不同，但是都是可回收物品。同时，客人没有消费掉，留在房间，就是属于酒店的有用物品，任何人不得带出酒店。此案例楼层管理中，应该要采取相关措施，确保巧克力的有效回收，将回收物品制成表格，统计回收的数量，鼓励大家做好这件工作。

七、自查并汇报工作

客房服务员在清扫完每一间客房之后，要做好自查，例如是否有客用品没有补充、是否有灰尘没有擦干净、是否有设备没有按照酒店的规定进行摆放等。最后填写好日报单，向楼层主管（领班）汇报客房情况。客房服务员在自查的过程中发现如下问题需立即报告客房部文员：例如房态与实际情况不符合、客人有遗留物品或现金、客人生病或者财物丢失、客房内设施、设备损坏或发生故障等。

八、主管（领班）查房

（一）查房形式

1. 领班查房

领班一个早班一般要负责 60～80 间客房的查房工作，要对每间客房都进行检查并保证质量合格。领班查房的过程中要针对客房内存在的问题进行记录，并告知客房服务员存在的问题，以督促服务员能够更高效、完善地完成工作任务。领班检查合格后就可以报告给前台进行出租给客人，所以领班的责任十分重大。同时领班的工作量也较重，有些酒店只要求其对走客房、空房及贵宾房进行普查，而对住客房实施抽查。通过领班查房可以查缺补漏防止客房服务员由于疏忽、赶房等原因造成工作失误，犹如上了双保险。

2. 主管抽查

主管一般对客房进行抽查，抽查的数量为客房的 10%左右，尤其关注贵宾房。同时，主管查房可以为管理工作的调整和改进、实施员工培训和计划人事调动等提供比较有价值的信息。

3. 经理定期查房

经理一般会定期进行查房，经理查房会更加全面。通过查房可以加强与基层员工的联系并更多地了解客人的意见，这对于改善管理、提高服务质量和更有效地制订与调整工作计划有积极的影响。

（二）查房程序

查房须按一定程序进行，查房的基本程序是：从房门开始，先卧室后卫生间，按顺时针或逆时针方向，从上到下，从里到外，循序进行，依次检查，以避免漏查、重复查，提高查房效率。

（三）查房方法

为提高客房检查的效率、保证客房检查的效果，管理人员在查房时，应综合运用感觉器官，通过看、摸、试、听、嗅对客房进行全方位的检查。①看：查看设备是否处于正常完好状态，客房整体效果是否整洁美观。②摸：用手擦拭，检查是否干净。③试：试用设施设备运转是否正常，并处于良好状态。④听：耳听室内噪声、电话机是否畅通、水龙头放水是否正常等。⑤嗅：鼻子闻客房内是否有异味、空气是否清新等。

案例分析

一封遗忘的宾客意见书

2019年2月23日，客房部经理在抽查10楼工作间时发现在一个工作车上有一封宾客意见书。细看之后，有客人的名字以及房号：姓名：×××，房间1022，但是没有填上时间。经理问了两个服务员，都说不知道。通过电脑系统查询，原来是2018年12月14日的宾客意见书。

此案例中客房服务员的工作出现了哪些漏洞？

【评析】

首先，宾客意见书的回收流程不清晰，其流程应该是：早班服务员回收—检查意见书的三大信息：时间、房号、宾客姓名—交到客房中心—客房中心登记—按规定上交到部门经理。本案例中，客房服务员既没有认真清理工作车，又没有重视客人意见，是一种玩忽职守的工作表现。

其次，面对上司的提问，总是说“不知道”。其正确做法应该是想办法弄清事实，向经理进行汇报。

项目二 客 房 保 养

任务导入

客房实训室的保养

学生以小组为单位，调查并列出校内客房实训室专项清洁保养的项目，拟订清洁卫生计划，对客房实训室进行专项保养，由老师对小组完成的工作进行指导点评。

课程内容

客房服务员日常工作量比较大，除了每天进行日常的清洁以外，还要对客房进行定期的维护保养。

客房的维护保养最重要的是要做好计划，采取定期循环的方式，对清洁卫生的死角或容易忽视的部位，以及家具设备进行彻底的清洁和维护保养，以保证设施设备处于良好的工作状态。

一、制订客房保养计划

客房保养计划，可分为周计划、月计划、季度计划、半年计划、年计划。

周计划，如软面家具吸尘、清洁空调出风口等。

月计划，如房间家具打蜡、清洗备用被子的被套等。

季度计划，如翻转床垫，干洗地毯、沙发、床头板等。

半年计划，如清洗窗户纱帘、灯罩等。

年计划，如清洗遮光帘、地毯、吊灯等。

二、客房专项维护保养

客房专项保养项目较多，本教材选取了客房内几项重要的设施设备进行维护保养介绍。

（一）房门的维护保养

房门的维护保养操作要领见表 2 - 12。

（二）木制家具的维护保养

木制家具的维护保养操作要领见表 2 - 13。

表 2-12　房门的维护保养操作要领

序号	操作步骤	操作要领
1	清洁房门	用干抹布擦拭房门、将清洁剂喷在房门上、用干净抹布将房门擦净，保证无尘、无污渍
2	清洁房门下边角	将门框、门镜等门边角处的灰尘清洁干净，保证无尘、无污渍
3	铜器抛光	用擦铜器水将房门上的铜器部件抛光清洁
4	打蜡	将家具蜡喷在软抹布上，将蜡水均匀抹在门面，门框各处，用干净抹布将房门擦净擦亮
5	房门检查报告	检查房门开启是否自如，油漆是否均匀，门锁门镜是否完好，发现异常现象填写派工单

表 2-13　木制家具的维护保养操作要领

序号	操作步骤	操作要领
1	准备工作	备好干净抹布、稀释的清洁剂及家具蜡
2	检查	检查油漆是否完好，抽屉是否灵活
3	清洁	用干净抹布擦拭家具上灰尘，按同一方向擦，干净无尘
4	喷蜡	将适量家具蜡喷上，同一顺序擦拭
5	擦拭	从左到右方向进行擦拭，使光亮干净

（三）空调出风口的维护保养

空调出风口的维护保养操作要领见表 2-14。

表 2-14　空调出风口的维护保养操作要领

序号	操作步骤	操作要领
1	掸尘	用干抹布将出风口的灰尘掸去
2	去除污迹	用多功能清洁剂将灰尘污迹清除
3	擦拭	用干抹布将出风口擦净，将出风口周边擦净

（四）沙发的维护保养

沙发的维护保养操作要领见表 2-15。

表 2-15　沙发的维护保养操作要领

序号	操作步骤	操作要领
1	吸尘、除污	先将沙发彻底吸尘，去除污渍
2	检查	检查沙发机，安装好配件。 稀释清洁剂，倒入沙发机净水箱中

续表

序号	操作步骤	操作要领
3	清洗	启动机器，当泡沫从刷头中出来后，用刷子刷洗沙发表面，并用吸扒将表面残余的泡沫吸走
4	擦拭	清洗完毕后，用抹布将周围木器上的清洁剂擦净

（五）地毯的维护保养

地毯的维护保养操作要领见表 2－16。

表 2－16　地毯的维护保养操作要领

序号	操作步骤	操作要领
1	吸尘、除污	先将所要保养的区域彻底吸尘、去除局部污渍
2	准备工具	准备单擦机、泡箱、地毯刷、高泡地毯香波、直立式吸尘器。用温水稀释地毯水倒入打泡箱内。 将单擦机推至清洗区域的最里端，安装好地毯刷，插好电源
3	清洗	打开泡箱开关最大挡，当泡沫从刷子下面出来后启动机器，将泡箱开关调至中档，减少清洁剂的使用并提高工作效率。 一行一行从左向右清洗，注意第二行要与第一行重叠，不要遗漏
4	吸尘	地毯干透后用直立式吸尘器彻底吸尘

案例分析

地毯上的斑点

上午 11 点左右，某酒店 12 楼的楼层电梯走出三位客人，他们是一家三口，其中有个小男孩，小男孩手里拿着冰激凌，他出电梯后还边跑边找房间。突然，小男孩摔倒了，并将冰激凌掉在地上，地毯上顿时脏了一大块。楼层服务员小张看到了，立即过去扶起小男孩，并询问是否摔伤。在得知小朋友没有受伤后，小张帮助客人指示房间的方向，然后找来抹布、清洁剂，对地毯进行去除污渍的处理。经过处理的地毯很快又恢复了原样。

【评析】

本案例中小张是一个非常优秀的员工，她具有清洁保养意识和技能，能够熟练掌握地毯的清洁和保养工作，同时能关怀客人，为客人提供温暖的服务。

（六）卫生间地砖的维护保养

卫生间地砖的维护保养操作要领见表 2－17。

（七）席梦思床垫的维护保养

席梦思床垫的维护保养操作要领见表 2－18。

表 2－17　　卫生间地砖的维护保养操作要领

序号	操作步骤	操 作 要 领
1	吸尘、除污	先将所要保养的区域彻底吸尘、去除局部污渍
2	准备工作	准备清洁剂及清洁工具，清除地面上杂物
3	清洗	按比例稀释清洁剂；擦拭清洁地面
4	擦拭	用干净抹布将地面擦干、擦净

表 2－18　　席梦思床垫的维护保养操作要领

序号	操作步骤	操 作 要 领
1	统一标号	将所有床垫标号，正面左下角为 1，正面右上角标号为 3，反面左下角标号为 2，反面右上角标号为 4
2	放床垫	第一个季度所有床垫标号 1 在左下角，3 在右上角
3	翻转床垫	第二个季度所有床垫翻转到背面，使标号 2 在左下角，4 在右上角。 第三季度所有床垫再次进行翻转，使标号 3 在左下角，1 在右上角。 第四季度所有床垫再次翻转，使标号 4 置于左下角，2 在右上角，以此类推。 定期翻转床垫可使床垫受压均匀，避免出现凹陷现象。 如出现凸凹应及时报修或更换

（八）电热水壶的维护保养

电热水壶的维护保养操作要领见表 2－19。

表 2－19　　电热水壶的维护保养操作要领

序号	操作步骤	操 作 要 领
1	准备清洁剂	将稀释专用清洁剂倒入水壶中，作用 10 分钟
2	检查	如发现电热水壶存在问题，进行更换
3	清洗	用长柄刷刷洗壶内、外部污垢，再用抹布除去顽固的污渍，用清水洗净清洁剂，擦净底座及电源线上的污迹，直到没有水锈及清洁剂味道

（九）灯具的维护保养

灯具的维护保养操作要领见表 2－20。

表 2－20　　灯具的维护保养操作要领

序号	操作步骤	操 作 要 领
1	准备工作	准备好梯子、螺丝刀、玻璃清洁剂、抹布、水桶等工具
2	检查	检查灯链是否松动、灯管或灯泡是否能正常使用
3	清洁	关闭电源，站在梯子上，用工具摘下水晶灯链或取下灯罩。在水桶中稀释玻璃清洁剂，将灯链泡在其中。 洗净灯链并擦干，用干抹布擦干灯具，将灯链按原位挂好。 或用湿抹布擦拭灯罩内外污迹，再用干抹布擦干水分，将擦拭干净的灯罩装回

项目三 公共区域卫生清洁

任务导入

以小组为单位，考查当地高星级酒店，了解酒店公共区域（Public Area，简称 PA）的工作情况，通过 PPT 展示与讲解“PA 人员的辛劳”，并由老师进行点评。

课程内容

酒店公共区域是指公众共有、共享的场所，隶属于客房部。客房部除了清扫酒店客房以外，还要负责酒店各部门办公室、餐厅（不包括厨房）、公共洗手间、衣帽间、大堂、电梯厅、各通道、楼梯、花园清洁与绿化和门窗等公共区域的清洁工作。

案例分析

不合适的PA保洁

2019 年 11 月 18 日上午 11 点左右，酒店新入住了一批旅游团客人，大家都在等电梯。此时服务员在大堂保洁时发现电梯门口烟灰桶外表沾有痰迹，于是赶紧戴上黑胶手套在电梯出入口进行擦拭清洁，工作将近 20 分钟，使电梯厅非常拥挤，给出入电梯的客人留下了不好的印象，对酒店造成了不良影响。

请问此案例中服务员的做法是否合适，应该如何处理？

【评析】

不合适，此服务员一味按照日常的工作流程操作，对工作缺乏灵活性。他此时所做的清洁工作，更严重地暴露了那些不雅行为，且没有错开客梯使用的高峰期，将近 20 分钟的工作，导致电梯厅更加拥挤。

酒店加强培养员工工作的灵活性，应该多站在客人角度思考问题，不能一味为了完成工作任务。此案例中，服务员可以先简单擦拭，等客人都进入电梯后再仔细擦拭；或选择在晚班进行彻底清洁。

一、酒店公共区域卫生清洁的主要内容

公共区域的清洁涉及范围广、工作量大，而且针对不同的清洁对象，有

不同的清洁标准和清洁方法，为了不干扰客人，公共区域的清洁工作尽量安排在人员活动较少的时间段并划分地段进行，所以很多的清洁工作被安排在夜班完成。

公共区域的清洁涉及酒店前台、后台、室内和室外，主要包括以下几项内容。

（一）大堂的卫生清洁

大堂是酒店给客人留下第一印象的地方，是酒店的门面，它的清洁工作尤为重要。大堂的卫生清洁见表 2－21。

表 2－21　　大堂的卫生清洁

序号	清扫内容	操作要领
1	门厅	将玻璃门窗、门框、指示牌擦干净，如果有指印和污渍要及时擦抹。 大门口内地垫每隔 2 小时吸尘 1 次，每晚要揭开地垫，用扫把将地面灰尘、沙粒扫干净，用湿拖布拖干净地面。 下雨天门口要放防滑告示牌和雨伞架
2	家具	桌椅、柜台及家具，确保干净无灰尘。注意随时清理茶几、台面上的纸屑杂物。倾倒并擦净立式烟筒，用镊子将烟箱里的烟头、杂物清理干净
3	地面	大理石地面打落蜡后，每天清扫除尘，发现污渍及时去除。 一般在客人比较少时（一般为晚班），对地面进行抛光。 如有地毯处每天要吸尘 3～4 次，每周清洗 1 次
4	扶梯及通道	楼梯台阶，扶手进行擦拭除尘。 对各层通道的防火门、消防栓柜、玻璃窗内侧、灯具、墙面、墙根部分地脚线等进行擦拭除尘
5	电梯清洁	清扫电梯门、轿厢以及门轨内的灰尘、泥沙和纸屑。 对电梯门、轿厢的不锈钢、镜面装饰物进行巡回保洁。 定时喷洒空气清新剂。 更换清洁“星期”地毯
6	公共卫生间	每日清扫消毒，随时保持清洁。 做好消毒工作，使空气清新无异味。 使四壁瓷砖光洁，面盆、水龙头、台面、镜面等金属镀件擦光亮。 配备好卷筒纸、洗手液、纸巾或毛巾等。 卫生质量要求是：马桶内无尿碱、尿迹、异味，地面无脏迹、纸篓及时清理，洗手池、烘手器设备完好
7	铜器	先将铜器表面擦尘。 取少量铜膏在一块干净的干抹布上。 均匀地涂在清洁物的表面，停留一会儿，用抹布不断摩擦直到清洁物光亮。 用另一块抹布将残留的铜膏清洗干净，缝隙中的残留物用小牙刷刷净。 保护铜器，不要用硬物摩擦，产生划痕

（二）餐厅、酒吧、宴会厅的卫生清洁

餐厅、酒吧和宴会厅是客人的饮食场所，卫生要求较高，每天都要保持高标准的清洁状态。每天根据运作时间两次吸尘，一般为开餐前对地面、墙壁、墙布、壁画以及设施设备进行擦拭；营业结束后做好对地毯和外窗玻璃的清洁。此外，餐厅、酒吧、宴会厅或其他饮食场所，可能会有苍蝇等害虫出现，应随时或定期喷洒杀虫剂，防止苍蝇等害虫滋生。

（三）后台区域的卫生清洁

后台区域包括员工食堂、浴室、更衣室、员工倒班宿舍、员工公寓、办公室、培训教室、娱乐室等。后台区域良好的卫生环境有助于提升酒店员工的精神面貌，使员工保持良好的工作心态。例如更衣室的卫生清洁见表2-22、办公室的卫生清洁见表2-23。

表2-22 更衣室的卫生清洁

序号	操作步骤	操作要领
1	准备工作	准备好清洁更衣室所需的工具
2	收垃圾	清洁垃圾桶，更换垃圾袋
3	清洁	清洁冲凉间、隔断、毛巾架、地漏，确保无杂物、无毛发、无皂迹。 清洁面台、镜子，确保无皂迹、无毛发。 拖干净地面。 有设备维修要及时报告给PA主管

表2-23 办公室的卫生清洁

序号	操作步骤	操作要领
1	准备工作	准备好清洁办公室所需的工具
2	进入	有礼貌地敲门，经同意后方可进入
3	收垃圾	清洁垃圾桶，更换垃圾袋
4	清洁	用抹布清洁门及门框。 清洁窗、窗台、地角线。 保持开关和壁纸的清洁。 全面吸尘，包括家具下面、沙发缝隙。 定期清洁高空天花板、空调口及玻璃。 留意内部职员个人习惯。 有设备维修及时报告给PA主管

（四）绿化布置及清洁养护

绿化布置能给宾客耳目一新、心旷神怡的美好感受，所以酒店在店外的

绿化规划和店内的绿化布置上都应有所开拓，一般多选择阔叶植物，既容易存活又美观。掌握一般的绿化程序是基础，例如门前要摆放花木、花卉；通道要种植花木，定期浇水，定期喷洒防虫剂；道路两旁的树墙要定期修剪，保持整齐美观。

二、公共区域清洁工具的使用

公共区域的清洁工具种类多，功能齐全，本书针对不同工具的用途与功能列举如下几种。

（一）直立式吸尘器

特定为地毯设计的吸尘器，在底部有一把旋转循环的刷子，它可利用吸力将地上的灰尘分离而逐一吸掉，用以清除地毯上的污物。很多直立式的吸尘器在底部都安上防撞物，以免损坏。直立式吸尘器如图 2－6 所示。

（二）筒形吸尘器

筒形吸尘器能够灵活地清洁所有家具下的污物，且在硬地较为有用，该机器的吸管头部有一个能调吸力的按钮，以便于清理各类家具及有大量尘土的地方。筒形吸尘器如图 2－7 所示。

图 2－6　直立式吸尘器

图 2－7　筒形吸尘器

（三）吸水机

用来吸水的机器，可更为有效地烘干地毯。吸水机如图 2－8 所示。

（四）地毯清洗机

用作协助清洗地毯的机器，机内的刷子除了可以清洁地毯的污物处外，还能清除深处的污垢及松软地毯上的毛。在清洗过程中，也不会弄脏其他的地方。地毯清洗机器如图 2－9 所示。

续表

项　目	细节要求及评分细则	得分
放枕头（10 分）	与床头平齐，与床两侧距离相等	
	饱满一边向上，开口背向床头柜	
总体印象（10 分）	操作规范、动作轻松，不忙乱、不重复	
满分 100 分	得分	
操作时间		
违例扣分		
实际得分		

（3）以小组的形式进行开夜床创意设计与实操，由老师进行指导和点评。

模块三

客房对客服务

学习目标

1. 了解酒店宾客的主要类型、特点及服务要求。
2. 熟悉客房对客服务的标准和程序。
3. 掌握客房常见的对客服务工作标准及流程。
4. 能规范灵活做好各项对客服务工作，能根据客人需要提供个性化服务。
5. 掌握对特殊宾客的服务技巧以及能妥善处理相关的特殊情况。
6. 熟悉管家服务的工作内容及服务精神。

项目一　常规客房服务

任务导入

明明白白你的心——酒店宾客客房服务需求调查

（1）设计一份宾客需求调查表，并进行调研，深入了解宾客对酒店客房服务的需求。

（2）将调研的结果做成PPT，以小组为单位在课堂上演示讲解，教师总结并点评。

课程内容

一、迎客服务

客房部接待服务工作的第一个环节是迎客服务，迎客服务工作主要包括：宾客抵店前的准备工作、宾客抵店时的接待服务及其他相关服务工作。

（一）宾客抵店前的准备工作

（1）了解客人情况。了解宾客姓名、人数、国籍、身份、抵离时间和房号安排等基本情况。

（2）准备客房、布置客房、检查客房。

（3）了解接待标准。对不同的客人酒店接待标准也有所不同，客房服务员需了解具体的接待要求（表3－1），如是否是VIP客人、是否是常客、是否是长住客等，并尽可能多了解客人的喜好及习惯、宗教信仰、生活特点和特殊要求等。

表3－1　　特殊要求通知单

制表人：　　　　制表时间：

宾客姓名		国籍		人数	
抵店时间					
房间号					
VIP等级					
其他特殊要求					

（二）宾客抵店时的接待服务

宾客抵店时的迎接服务工作时间短，影响却很大，往往会给宾客留下深刻的印象，客房服务员需提供热情、礼貌、周到的服务。

（三）其他相关服务

（1）主动介绍酒店服务设施及餐饮服务情况。如有可能还要向来宾介绍餐厅菜肴特色、收费方式等情况。

（2）接待团队客人。提前分配好房间，准备好房卡，如果团体来宾的行李先到了，服务员必须检查清楚客人行李，再按行李上行李牌标明的房号，逐一将行李分送入房。宾客抵店前的准备工作见表3－2。

表3－2　　宾客抵店前的准备工作

序号	操作步骤	操作要领
1	了解客情	认真阅读《客情通知单》，了解宾客姓名、职务、抵达时间、离店时间、入住房号等情况。 熟悉客情，提供针对性服务
2	了解接待规格和要求	认真阅读《客情通知单》，了解接待规格和要求

续表

序号	操作步骤	操 作 要 领
3	布置客房	房间按酒店要求布置，例如开音响、调节空调温度等。 检查有无不妥之处，若有立即修正
4	迎客准备	关上房门，到电梯口迎候

二、接待服务

客房对客服务的第二个环节是接待服务，客人住店后的日常接待服务工作要细致、周到。一般情况下，客人不仅要求客房清洁、舒适，还要求提供相应的服务。客房服务员要掌握各项对客接待服务工作的程序和标准，尽量满足客人的各种要求，提升客人的满意度，让客人都能有良好的入住体验。酒店客房部的接待服务主要包括：洗衣服务、叫醒服务、送餐服务、会议服务以及其他一些服务，例如擦鞋、婴儿看护、开夜床、房间迷你酒吧、失物招领、用品租借、私人管家服务等。

（一）洗衣服务

《旅游饭店星级的划分与评定》（GB/T 14308—2010）规定，三星级（含）以上旅游酒店必须提供洗衣服务。客人在酒店居住期间，可能会需要酒店提供洗衣服务，尤其是商务客人和因公长住酒店的单身客人。对客人来说，洗衣是他们很重视的一项服务，提供优质的洗衣服务对提高客人的满意度有着重要的意义。洗衣服务可分为水洗、干洗、熨烫三种。时间上分正常洗和快洗两种。

1. 收取客衣的途径

（1）客人打电话通知酒店洗衣房，由洗衣房服务员上楼层收取客衣。注意：服务员必须按三遍门铃并等待后方可进入客房，除非客人允许进门。客衣的收取必须在客人要求10分钟内完成。

（2）由客人填好洗衣单，将要清洗的衣物放置在洗衣袋中，客房服务员打扫客房的时候收取洗衣袋。如果客人没有填写洗衣单则不能收取。服务员收取洗衣袋时，应查看衣袋内的衣物，有无严重破损或油污，如果有，应该向客人指明并在洗衣单上标注清楚。

2. 收取客衣的程序

（1）当收衣员接到客衣收取电话时，立即记录电话时间、客人房号及洗衣服务方式。

（2）收衣员迅速至客人房间，按门铃三次，每次随后报“洗衣服务”一次，

续表

<table>
<tr><td>宾客数量
Guest Count</td><td>酒店数量
Hotel Count</td><td>男士
Gentlemen</td><td>价目
Price RMB</td><td>金额
Amount</td><td>宾客数量
Guest Count</td><td>酒店数量
Hotel Count</td><td>女士
Ladies</td><td>价目
Price RMB</td><td>金额
Amount</td></tr>
<tr><td colspan="7" rowspan="4">此表格必须由贵客填写及签名
This form must be completed and signed by the guest
贵客签名：
Guest's Signature</td><td colspan="3">小计
Sub Total</td></tr>
<tr><td colspan="3">加百分之百特快费
Plus 100% Express Charge</td></tr>
<tr><td colspan="3">加百分之十五附加费
Plus 15% Surcharge</td></tr>
<tr><td colspan="3">总数：
Grand Total RMB¥</td></tr>
<tr><td colspan="2">发霉
Moth</td><td colspan="2">损坏
Damaged</td><td colspan="2">脱色
Discolored</td><td colspan="2">脱扣
Button Missing</td><td colspan="2">污迹
Stains and Spots</td></tr>
</table>

注意事项：

REMARKS：

1. 请在单据上填写与签名，连同衣物放入洗衣袋内，若有数量不符合，将会预先通知客人，若贵客没有列明衣物数量，则以酒店的点核为准。

Please complete, sign and place this list together with your laundry in the bag provided. Should there be any discrepancies between guest count and hotel count. You will be notified accordingly. Should the list be omitted or not itemized, the hotel count will be taken as correct.

2. 贵客知悉，所有清洗衣物由贵客负全责。酒店当尽量小心，赔偿金额不超过洗涤价之十倍。酒店一概不负任何遗失及损毁之情况。

The hotel at the owner's risk accepts all laundry. While the utmost care is being exercised by the hotel, the liability of the hotel is limited to ten (10) times the value of the laundry charges. The hotel cannot be held responsible for any further loss or damages.

3. 任何要求应在二十四小时内提出。

Any claims must be made within twenty - four (24) hours.

4. 折叠与上浆的衣物每件加收人民币 5 元。

All folded and starch laundry will be charge a minimum of RMB5. 00 per item.

案例分析

缩水的衣服

有一天，某酒店住进了一位客人刘女士，她想将裙子洗一下，于是她就拨打了客房部洗衣房的电话。过了一会儿，客房部派人上来收取要洗的衣服，服务员请刘女士填写洗衣单。刘女士可能比较疲劳，于是让这位服务员帮助填写，服务员就代客人填写，填到选择水洗、干洗时，客人不假思索地说是水洗。后来，服务员就将衣服送去洗了。

当天下午，衣服送回了房，刘女士一穿才发现，这条裙子小了一圈，变得不合身，她十分愤怒，于是向酒店提出了投诉，酒店仔细检查之后，发现这条裙子应该干洗，洗衣房按洗衣单上填的要求，进行水洗处理，导致裙子缩水。

【评析】

洗衣单原则上应由客人自己填写、签字，若客人没有填，服务员可以帮助客人填写，但一定要让客人签字认可，以避免不必要的麻烦。此外，洗衣房员工在处理客衣时也需特别留意。

（二）送餐服务

客房送餐服务是一项可方便客人在客房、套房或别墅的舒适环境中享用精致美食的餐饮体验。送餐服务在规定的时间内供应丰盛美食，无论对正在适应时差的旅客，还是即兴召开会议的客人而言，均可谓理想之选。按照《旅游饭店星级的划分和评定》(GB/T 14308—2010）规定，四星级酒店提供18小时的送餐服务；五星级酒店提供24小时的送餐服务。这项服务由酒店餐饮部的送餐服务人员完成，需要这项服务的客人可以打电话直接订餐，也可以由客房服务员向餐饮部订餐。客房送餐种类繁多，可以分为早餐、中餐、晚餐、小吃点心等，根据客人所点数量，可以视情况用托盘或餐车送上。

（三）叫醒服务

根据客人需要，酒店可为客人提供叫醒服务。一般情况下，由酒店总机服务员打电话到客人房间进行电话叫醒。但如果电话振铃无法叫醒熟睡中的客人，接线员必须请客房服务员前去敲门，直到叫醒为止。如客人要求上门提供叫醒服务，同样也是由客房部服务员上门为客人提供叫醒服务。提供叫醒服务时应注意：

（1）要问清客人房号、姓名及叫醒时间。

（2）检查叫醒客房的种类和客人类型，如是套房、VIP，必须做出特别提示。

(3) 在客人指定的叫醒时间，用亲切和蔼的语气称呼客人的姓名。在叫醒时要讲：早上好，×××先生/女士，现在是×点钟，已到您的叫醒时间。

(4) 祝客人愉快。

(四) 会议服务

在酒店功能中，会议设施及其服务愈来愈受到酒店管理者和客人的重视。会议服务，一般是指酒店借主营业务（客房）的服务资源及客户资源，以提供会议场地、会议设施设备及会议服务（包含餐饮及服务人力），所开办的服务业务。无论何种星级的酒店都会设置不同类型、不同大小面积的会议室，同时提供会议设施及服务，以满足客人召开各种类型会议的需求。

根据会议的性质和内容不同，会议可以划分为以下几种常见的类型：年会、专业会议、代表会议、签字仪式、论坛、座谈会、专题讨论会、讲座、研讨会、培训会议。

(五) 其他服务

为了方便住客，酒店还会提供以下服务。

1. 婴儿看护

为方便带婴幼儿的客人不因孩子的拖累而影响外出，客房部帮助客人照顾小孩，并收取服务费。婴儿看护申请单见表 3-3。

表 3-3　婴儿看护申请单

客人姓名： Guest's Name：		房间号： Room No.：
尊敬的宾客： 应您的要求，我们安排____于____日____时至____日____时为您提供看护婴孩服务。 Dear Guest： As requested by you, we have arrange for： Name of Baby Sitter ____ to report to you from ____ to ____ on ____		

婴儿看护服务的程序：

(1) 如有保姆服务的要求，客房部应该提前一天得到通知。

(2) 客房部文员会安排一个第二天不当班的有保姆经验的合适的员工来做保姆服务。

(3) 提供保姆服务时不允许在客房以外或酒店以外。

(4) 在提供保姆服务期间，保姆应该确保孩子不会受到任何伤害和惊吓。

(5) 在提供保姆服务期间，假如员工需要任何帮助，应联系客房部文员。

假如有任何问题发生，及时联系大堂服务经理或值班经理。

特别提示

(1) 18个月以下的婴儿不提供此项服务。

(2) 客人要求看护服务一般应提前一天提出。

(3) 看护婴孩的员工应受过专业培训。

(4) 严格按照家长和酒店的要求，在规定的区域内照看婴幼儿，不得擅离职守，照看期间，若发现幼儿突发疾病，要立即报告上级，以便妥善处理。

2. 加床服务

加床服务是客房部提供的服务项目之一，为房间内其他客人准备的加床应该和房间内的已经设置好的床保持一致的标准：干净、舒适、无污迹。如客人提出加床的要求，服务员应礼貌地请客人到总台办理有关手续。前台接受并为客人办理加床手续后应及时通知楼层服务员加床，楼层服务员按照加床程序为客人把床铺好。客房部服务员不可随意答应客人的要求，更不得私自给客人提供加床服务。一些酒店服务贴心周到，客房内加婴儿床及婴儿用品同时，还会在卫生间内配一个婴儿洗澡盆。

加床服务的标准程序：

(1) 准备一张标准床的床单，被单和被罩，枕头和枕头罩。

(2) 检查床护垫是否有污迹或损坏，如果需要，请及时更换。

(3) 将所有准备好的布草铺在干净的床上。

(4) 加床的铺床规则，参看“中式铺床”的标准与程序。

(5) 对于加床的存放，将加床两部分合在一起并用绷带绑紧，当不用时将加床立起来放。

(6) 加床每天应该准备好放在指定的楼层。

3. 擦鞋服务

客房内通常备有擦鞋工具以方便客人擦鞋，高档酒店还会备有擦鞋机。但真正的擦鞋服务是为客人免费人工擦鞋。客房中放置标有房间号码的鞋篮，并在服务指南中告知客人。客人可将需擦的鞋放在鞋篮，或电话通知，或放在房内显眼处，服务员应及时收取，擦拭完毕后送回客人房间。

通常擦鞋服务的程序如下，不同酒店可根据自身实际情况做调整。

(1) 楼层服务员从鞋篮内将鞋子取出，在楼层工作间内完成擦鞋服务。(不要在房间内完成擦鞋服务，特别不要在客人面前完成擦鞋服务)。

(2) 在擦鞋前，要选择合适的鞋油。(白色皮鞋或其他颜色的皮鞋要选择白色的鞋油，黑色的皮鞋要选择黑色的鞋油)。

(3) 擦皮鞋时要用湿的抹布将鞋的边沿擦干净。

(4) 将鞋油均匀地挤在鞋的表面，然后用鞋刷将皮鞋擦亮，然后用一块干抹布再一次为皮鞋抛光。

小资料

管家服务箱

香港半岛酒店、上海辛岛酒店与苏州亚致精品酒店等酒店为避免打扰客人，减少进出住客房的次数，提高员工工作效率，在客房衣柜内设有一个管家服务箱，箱门有两扇，一扇在衣柜内，一扇在房门外，住客如需擦鞋、洗衣服务，可将鞋子、洗衣袋放在服务箱内，按下按钮，服务员巡楼发现服务灯亮，即可打开外面的箱门，悄悄地将客人皮鞋、洗衣袋收走。皮鞋擦好、衣物洗净后再放入服务箱，报纸也可通过管家服务箱送进客房，这种服务方式，诠释了现代服务业“无干扰服务”的理念。

4. 房间迷你吧台服务

酒店为方便客人在房间享用酒水饮料，同时增加酒店客房收入，中高档酒店的客房必须配备小冰箱或者小酒吧，提供适量酒、饮料及零食，如果汁、啤酒、烈性酒、矿泉水、薯片、干果等，供客人自行取用。迷你吧菜单放置在旁边，上面注明各项饮料食品的储存数量和单价，请客人自行填写耗用数量并签名。

(1) 住客房迷你吧的检查。通常由服务员在每次例行进房时进行，如清扫客房、做夜床时，清点冰箱内饮料、食品的消耗情况，与收费单核对。如客人未填写，则由服务员代填。

(2) 团队客人。房间迷你吧内酒水、饮料、小食品通常需撤出（撤吧）或锁上（锁吧），待团队客人退房后再放入客房。撤吧工作量较大，而且从小冰箱撤出来的软饮及食品也难以冷藏，可能会导致软饮及食品的变质，造成损耗。所以一些酒店的客房小冰箱加了上锁的功能，如果有需要只需将小冰箱上锁即可，省时又省力。

(3) 离店客人。国内大部分酒店要求前台服务员在客人退房结账时通知客房部，由客房服务员检查客房内饮料消耗的情况，并通知前台。由于查房需要一定的时间，客人会因等待时间过长而引发不满，近年来，不少酒店采用了结账免查房方法，即在客人结账时收银员询问客人当天是否消耗了房内的酒水、饮料，根据客人的回答进行结账，从而加快结账速度，当然，不同档次、不同客源、不同地区的酒店应从实际出发，根据本酒店迷你酒吧损耗的多少作出相应的决策。客房迷你吧酒水单见表 3－4。

表 3－4　　客房迷你吧酒水单

客 房 酒 水 单

MINI BAR

检查员 Check ________	收款员 Cashier ________	日期/时间 Date/Time ________

★Your mini bar will be restocked each day. ★For replenish, please call HSKP at ext. NO. ★Please fill out this form and sign when you consume items form the minibar, the amount incurred will be charged to your account. ★When items consumed from the minibar on your day of departure please give this form to the hotel cashier upon settlement of account	★客房小吧每天将会补充饮品。 ★若需再补充时，请拨管家部电话联络。 ★阁下在客房小酒吧取饮品后，请将此表格填妥及签名，收费金额将计入贵账户内，不另收服务费。 ★倘若退房当日在客房小酒吧取用饮品请在结账时将本表格拿到前台收银处办理

存量 STOCK	项目 ITEM	单价 UNIT PRICE	数量 USED	金额 TOTAL AMOUT
2	喜力 NESTLE			
2	生力 SAN MIGUEL			
2	椰子汁 COCONUT			
2	可口可乐 COCA COLA			
2	矿泉水 MINERAL WATER			
2	蒸馏水 DISTILLED WATER			
2	巧克力 CHOCOLATE			
1	开心果 PISTACHIOS			
1	薯片 CISPS			
1	碗仔面 SHIN CUP			

5. 失物招领

客人在住店期间或离店时，会出现遗失物品的问题。为了帮助客人找回丢失的物件，客房部有处理客人丢失物品的职责。酒店员工如果在本酒店的范围内发现客人丢失的物品，一定要如数交到客房部，客房部设置客人失物日志，

客人离开后，应该迅速进入房间，仔细查看有无遗留物品，是否消耗酒水饮料和食品，房间内物品设施等是否有损坏。如果发现有，应立即报告上级做及时处理，如果发现客人有遗忘物品，应该立即派人追送或交客房办公室登记处理。有的客人因急事提前退房，服务员应及时处理客人交办事宜。

案例分析

结账退房以后……

一位住客当天中午乘火车回乡，提早在某酒店总服务台办好结账退房手续，他认为虽然结了账，但在中午十二时以前客房的使用权仍是属于他的，因此把整理好的箱物行李放在客房内，没有向楼层服务员打招呼，就出去买东西逛街了。过了一个多小时，那位客人回到酒店准备取行李离店，谁知进入原住客房一看，已经有新的客人在房间内喝茶，而他的行李已不知去向。当找到楼层服务员以后才知道他的行李已送到总台去了，楼层服务员反而责怪他为什么在结账后不和楼层联系。

客人听了以后很生气，“回敬”了几句便到总服务台提意见，谁知总台人员不记得他已结账，还不肯马上把行李交还给他。经过与楼层服务员联系的反复折腾，客人离店时已经快中午了。客人临行时说了句：“如果下次再来这个城市，我发誓再也不住你们这里！”

【评析】

客人办理结账退房以后并未最后离店的情况并非罕见。通过以上案例，可以看出该酒店在客房服务的程序方面存在漏洞。

上述案例中酒店的最大失误之处，在于客人虽已办理结账退房手续，但行李仍放在房间内，本人尚未最后离店。在客房未重新整理打扫好之前，马上又安排新的客人入住，这显然是错误的，因为这间客房还不够重新出租的条件。

项目二　特殊客人服务

任务导入

明明白白你的心——酒店宾客客房服务需求调查

（1）全班学生分为若干小组，以小组为单位收集客房优秀服务案例15个。

(2) 通过各大 OTA 网络平台、各大品牌连锁酒店官网，收集网络住客对酒店的评论、了解住客对客房服务的需求。

(3) 以搜集到的调研结果为内容，制作成 PPT，小组代表在课堂演示介绍调研的成果，教师点评总结。

课程内容

一、VIP 服务

VIP 是英语 Very Important Person 的简称，又称贵宾。通常情况下，中、高档酒店会针对客人身份把 VIP 客人分成几个等级。例如：

A 级：中外国家领导人、各部委以上政府官员、国内外知名人士。

B 级：省级主要领导、厅级以上政府官员、省级旅游行业官员及社会名流。

C 级：市、县级主要领导、本地名流、酒店邀请的同行业总经理。

D 级：对酒店有突出贡献及带来相当客源的个人、酒店邀请的客人。

不同级别的 VIP 客人接待规格也有所区别，一般酒店会根据 VIP 客人的不同身份地位，制定相应的接待规格。主要包括以下流程：

(1) VIP 接待任务的下达、签收、提醒与最终确认。

(2) 贵宾房的布置。当贵宾到达房间时，房间内的所有设施设备都应该按照贵宾的待遇准备好，贵宾应该得到完美的超一流的服务和待遇。客房的布置，涉及酒店不同部门的分工与配合，例如工程部提前检查客房内所有设备是否完好。客房部每天都会得到预抵 VIP 的房号，客房部文员每天通过跟踪报告检查预抵 VIP 的房号，并且要立即通知相关的楼层主管和服务员。送餐部将会根据不同级别的 VIP 赠送相应的果盘，并根据不同的房型，放在房间内相应的位置。放置果盘要在客房服务员打扫好房间之后。

(3) 在客人到达酒店之前，由总经理发出的欢迎卡应该放在房间里。客房部在客人所在楼层安排专人提供迎接、送茶水、香巾服务。

(4) VIP 跟踪服务。VIP 在店期间，应由客房部主管级别以上员工进行跟踪服务，及时记录，与其他部门保持良好的工作沟通。服务员应熟悉和掌握客人的各种生活习惯、喜好和禁忌。VIP 客人离开房间，客房部也应随时通知相关接待人员，以便做好跟踪服务。客人退房后，立即组织人员到客人房间查看是否有遗留物品。

(5) 对级别高的贵宾根据需要安排 24 小时的专职管家。

(6) 客人离房一次，客房要进行一次小整理，以保持客房始终处于良好的状态，此类服务须在客人外出后立刻进行。

(7) 相关服务人员应该具备为贵宾保密的意识，客人的个人资料、生活习惯都不可随便透露。

案例分析

"早晨好，大师兄"

著名武侠小说家金庸先生曾下榻某知名五星级酒店，对这里无微不至的服务倍感满意。一天清晨，他刚出门，遇上服务员小沙，小沙轻声称呼道："早晨好，大师兄。"金先生为之一愣，旋即开心笑了。因为这是他最喜欢的称呼，但他不明白小沙是如何知道的。原来这家酒店客房部的领班花了两个晚上时间上网查询他的资料，得知他笔下的"大师兄"均是集高强武艺、侠肝义胆、乐于助人为一身的英雄人物，于是要求服务员用"大师兄"来称呼他。这个称呼给了金庸先生一个小小的惊喜。

思考：从这个案例中，我们可以得到什么启示？

【评析】

这个案例告诉我们，在接待 VIP 客人时，因其身份往往比较特殊，酒店应给予特殊的关照。特别是接待一些名人的时候，酒店员工尽可能地去多了解贵宾的资料、喜好、生活习惯等，用特别的方式去服务贵宾，会让贵宾感觉到酒店给予自己与众不同的待遇，感到自己的地位不同，由于受到超凡的尊重而感到格外的开心。同时也体现了酒店无微不至、细心工作的态度，这样的工作态度令人感觉十分温暖。

二、残障客人服务

残障客人是酒店的特殊宾客，需要服务员精心照料，了解残障宾客的心理需求特征，有助于做好相应的服务工作。

1. 残障宾客心理情感分析

(1) 孤独感。这是残疾客人普遍存在的一种心理特征。

(2) 自卑感。这是残疾客人普遍存在的一种情感体验。

(3) 敏感、多疑且情绪不稳定。

(4) 依赖性强，缺乏信心。

2. 残障宾客类型

(1) 坐轮椅的残疾宾客。

（2）盲人或视力不佳的宾客。

（3）听力不佳的宾客。

3. 接待残障宾客的基本要求

（1）心理上要给予更多爱心、细心、耐心及尊重。一个称职的客房服务员必须懂得关爱的艺术，将“关爱”体现在“关怀、理解、支持”这六个字上。在残障宾客住店期间，无微不至地关心他们，用热情的服务温暖他们，只有这样，才能使残障宾客感受到来自酒店的关爱。减少偏见，客房服务员在接待残障宾客的时候不可嘲笑、讽刺或排斥，同时不可将目光停留在残障缺陷处，避免给残障宾客带来较大的压力。

（2）酒店如有残疾人客房，应给客人安排此类客房。若没有，应将客房尽量安排在低楼层、靠近电（楼）梯处，以方便残障宾客进出。

（3）客人进店前，客房部应根据前厅部等部门提供的资料，了解相关信息：客人的姓名、生活特点、有无家人陪同及特殊要求等，做好相应的准备工作。

（4）客人抵店时，客房服务员应在电（楼）梯口迎接，问候客人并根据需要提供必要的帮助，如帮助提拿行李、搀扶客人进入客房等。

（5）向客人仔细介绍房内设施设备和配备物品，帮助客人熟悉房内环境。

（6）客人住店期间，应特别关注，适时提供帮助，如扶客人进出电梯、客房，提醒客人注意安全等，发现客人到酒店其他区域时应及时通知相关部门。

（7）主动询问客人是否需要客房送餐服务，配合餐饮部人员做好相关服务工作。

（8）尽力承办客人委托事项，通过相关部门的协作及时完成并回复客人。

（9）客人离店时，服务员应主动征询客人的意见和要求，并通知行李员帮助客人提拿行李，送客人进入电梯后方可离开。

案例分析

“无障碍”五星级酒店

北京港澳中心瑞士酒店是亚洲第一家“无障碍”五星级酒店。该酒店从门外到门内，处处设施都为方便残障人士而设计，显现出人性化、国际化与现代化的光辉。残奥会期间，这里作为国际残奥委会（IPC）的指挥中心，每日举办 IPC 的执委会例会，同时还负责各国国家元首、王室成员等和未来举办城市观察员的接待工作，酒店旋转门上特设一个“残障人士通过专用”按钮，按下按钮，旋转门速度由快变慢，乘轮椅或者行动不便的客人这时就能从容地进入。走进大门，乍一看和普通酒店没什么区别，但细心的人会发现，前台两侧的接待台正是为了方便残障人士办理入住手续而设计的。除了通往大堂酒吧、二层会厅等处的残障人士专用坡道外，酒店还设置了专用卫生间。卫生间的门加大了空间，并在厕位两侧配有扶手，除此之外，卫生间内还在适当的位置设了一个紧急按钮，如客人遇到问题可以按下这个按钮，工作人员就会在最短的时间内赶到并提供帮助。

通往客房的6部电梯内均配有扶手栏杆，设有供普通人与残障人士使用的左右两个楼层按钮面板，所有按钮上均配有盲文。置身电梯，随着清脆的“BB”声，电梯逐层上升。据介绍，这种独特的声音可为盲人做提示服务。

步入酒店4层，这就是酒店特别为残障人士提供的“无障碍楼层”。“为什么选择4层为残障人士服务呢?”记者好奇地问道。工作人员笑着回答说，这里是酒店客房楼层的第一层，是离酒店大堂最近的客房楼层，这样设计也是为了在紧急情况下方便身体有障碍的客人于第一时间撤出。“我们在客人入住酒店时，会充分了解到客人的具体情况，比如身体哪个方面有不便或残疾。残奥会期间，我们前台的员工将每4个小时打印一份房表，一旦遇到紧急情况，会有服务人员上门一对一地协助残障人士。”

4层共有40个房间，客房门扩宽到85cm，可以方便坐电动轮椅的客人无障碍进出。这里，还有很多细节都体现出设计者的良苦用心。例如洗手台镜子可调整角度，浴缸、马桶等卫生间设施的尺寸与位置也做了相应的调整。

统观北京港澳中心瑞士酒店，由大堂直到顶层，无台阶进出等无障碍设计理念无不贯穿在建筑设计的始终。无论是大堂墙边那一排高矮不一的公用电话，还是旋转门上那可爱的“按钮”，它们都会细致地传达出一种“平等、参与、共享”的理念，感染了入住这里的每一位客人。

【评析】

想客人所想、做客人所需、急客人所急，这就是优质服务的内涵，也在此案例中也充分体现了酒店对残障客人的人文关怀，令客人倍感温馨。

（资料来源：中国就业培训技术指导中心组织.《客房服务员》. 中国劳动社会保障出版社，2010）

三、醉酒客人服务

醉酒现象在酒店属于较为常见的情况，处理方式因人而异，一般应根据醉酒客人的情况，适时劝导，使其安静，并提供相应服务。醉酒客人一般分为三种情况：轻度醉酒，醉酒宾客一般比较兴奋，话特别多；中度醉酒，醉酒宾客往往会走路轻飘飘，说话含混不清，呕吐不止；重度醉酒，醉酒宾客通常已经陷入昏迷状态，瞳孔散大。

（一）醉酒客人的基本服务要求

（1）要注意醉酒客人醉酒的程度及行为。醉酒宾客的破坏性较大，轻则行为失态，大吵大闹，随地呕吐，重则危及生命或酿成更大的事故。一旦发现醉酒客人应及时报告前台及相关部门进行处理。

（2）客房服务员发现醉酒客人时，应保持冷静，根据醉酒客人醉酒的不同程度及特征，分别处理。重度醉酒应及时报告上级及保安人员。对轻度醉酒的客人，应适时劝告，安排其回房休息。

（3）提供相应服务，将纸巾、热水瓶、茶杯、垃圾桶等放在床边，方便客人取用。

（4）护送客人回房间后应调节空调温度，设法使客人保持安静，询问客人是否有同伴。

（5）将房间的火柴、打火机撤出，以防发生意外；将床头台灯、过道灯及卫生间灯打开，以便于客人辨别方位。

（6）应该特别留意此房的动静。

（7）将醉酒客人的房号及处理过程记在交接本上，做好交接。晚间可与保安部联系，注意监控，如有异常随时通知客房中心。

（二）醉酒客人的服务注意事项

（1）如遇到醉酒客人大吵大闹、损坏物品，应及时通知保安部的同事前来协助。

（2）如需护送客人回房休息，客房服务员切不可单独前往，可请保安部同事或大堂副理协助。客人回房休息后，不可随便为客人宽衣，以免发生误会。

（3）若客人醉酒后造成客房设备、物品损坏，服务员需做好记录，客人酒醒后按酒店规定进行赔偿。

四、受伤客人服务

酒店内有受伤的客人，一般分为两种情况：第一种为客人抵店前已经受伤，此种情况应主动询问客人需要何种帮助，提供热情周到的服务；第二种情况为客人入住酒店后受伤，此种情况的处理较为复杂。

客人入住酒店后受伤的处理方法为：客房部员工，在工作中应随时留意是否有受伤的客人，酒店员工在酒店内发现受伤客人应立即报告，同时还要主动提供帮助，联系驻店医生上门治疗。如伤势较重，则由医生决定是否送医院治疗。

五、生病客人服务

个别客人因旅途劳累、水土不服或其他原因，可能会突然得急病，生病客人更需要细心的照顾和服务。照料生病客人的基本要求及注意事项如下。

（1）发现客人生病要表示关怀，提醒客人有驻店医生的服务，酒店如没有驻店医生，应征询客人意见是否去医院，并及时上报。

（2）礼貌询问客人病情，了解客人生病的原因。

（3）为客人提供必要的生活用品，如纸巾、茶杯、热水瓶、垃圾桶等。

（4）询问客人有无需要代办的事项，如客房送餐服务等。

（5）建议并协助客人和附近的亲朋好友取得联系，提醒客人按时服药，推荐适合客人的食品。

（6）随时留意房内动静，适时进客房观察并询问客人有无特殊需求。

（7）发现客人生病，不能轻易乱动客人，或擅自拿药给客人服用。

（8）客人要求代买药品，服务员应婉言拒绝，并劝客人前去就诊。若客人坚持让服务员代买药品，服务员应及时报告大堂经理。

（9）如住客患上重病或急症，客房部应立即通知值班经理，将患病客人送到附近医院治疗，未到医院之前由驻店医生进行急救处理。

（10）若发现客人休克或出现其他危险情况时，应立即通知上级采取相应措施，服务员不得随便搬动客人，以免出现意外。

案例分析

醉酒的客人

某晚，某宾馆的电梯在5层停住，“叮咚”一声门开了。一位客人由电梯里走出来，自言自语道：“我喝得太多了。”强烈的酒气扑面而来，这时保安员小王巡楼，恰好经过5层电梯，连忙跑上去扶住客人，问道：“先生，您住在哪间房?”客人拿出磁卡钥匙，却怎么也打不开512房门，客人生气地说道：“怎么连门都打不开，快给我开门!”小王看了看客人的房卡，发现原来是客人记错了。小王连忙对客人说：“先生，您搞错房间了，您住在521房，不是512房，我带您到521房。”但是客人喝醉了，就是不走，还不停地说：“我就住在这一间，什么门锁，开门，快开门。”小王忙说：“门锁出了问题，我马上叫工程部的师傅来修理。”

这时，客房部主管闻讯赶到了现场，了解了情况后，就对客人说："对不起，确实是我们的门锁出了问题。"客人没有吭声，主管对小王使了一个眼色，俩人一起将客人搀扶进了521房，扶他躺在床上，泡了一杯醒酒茶。然后将纸巾、热水瓶、茶杯、垃圾桶等放在客房，调暗灯光，然后轻轻关上门离房。

主管找到客房中心值班服务员，告知醉酒客人的情况，并要求服务员每过10分钟到521房去听听动静。晚上11时主管下班前，又来了解情况，得知醉酒客人安然无恙才放下心来，最后他在交接班记事本上写道：今晚521房住客醉酒，请特别留意。

【评析】

（1）住客处于酒醉状态，是没有办法与他说理的。本案例中，楼层主管采用了迂回的方式将醉客送回了他自己的房间，不失为一种灵活的解决方法。

（2）对醉酒客人，酒店应建立报告制度。全酒店所有的员工在酒店的任何区域、任何时间，一旦发现有醉酒客人，必须及时通知总台及相关部门。本案例中相关部门的员工没有能够及时发现并报告醉酒客人情况，导致楼层客房服务工作的被动。

项目三　管　家　服　务

任务导入

明明白白你的心——酒店宾客客房服务需求调查

（1）以小组为单位，通过网络搜索关于酒店专职管家的优秀服务案例5个。

（2）将搜集到的资料做成PPT，以小组为单位在课堂上演示讲解，教师总结并点评。

课程内容

一、管家服务的起源及发展

管家起源于法国，后来注重礼节的英国人将管家服务与英国宫廷礼仪相结合，进行严格的规范，成为行业标准。随着时间的推移，时代的发展，管家服务被注入了全新的理念，在酒店行业，管家式服务是为客人提供更专业和私人化的一站式酒店服务，在客人入住期间关注客人整个进程的各项细节，确保客人满意而归。酒店管家提供的服务超时超值，富有人情味，是一种超出客人期待的服务。

案例分析

酒店服务大使

香港九龙香格里拉大酒店的华运鸿先生是一位在酒店长期服务的资深员工，一直在礼宾部、豪华行政楼层担任管家，华先生以其亲切友善的笑容及“从心出发”的态度服务于宾客，赢得了无数赞誉。每个管家都有自己不同的特点，华先生的特点是仔细观察，用心服务，在客人最需要的时候出现，这也是“香格里拉情”服务当中的重要一项。

华运鸿先生分享了他管家服务的经验，即真正的管家是在贵宾入住期间，每天要把他们的要求仔细考虑一遍。以下就是华先生分享的几个小案例：例如，贵宾到达前，房间摆放什么样的花，花的香味客人是否喜欢。如果有的客人不喜欢带有香味的花，我们可以把花换成其他的装饰品，让客人感觉到你是用心地去了解他的喜好。客人入住前，也可以把柠檬切成片，放在房间隐蔽的地方，客人来到房间后会感觉到柠檬的清香，而且是天然的柠檬香味，清新自然，而不是香水的味道。又如在晚上客人休息前准备一杯热牛奶，或者杏仁露供客人选择，以便客人有好的睡眠，这些东西虽然不贵，但客人会感觉到你对他的关心。客人对室内灯光的习惯，明或暗；客人对座位位置的喜好；喜欢喝龙井茶还是其他的茶都要细心观察。

【评析】

专注、从心出发的服务是成功的基础，能为客人带来喜悦应是酒店每位员工职业满足感的来源。

二、酒店里的管家服务

酒店管家服务是个性化、私人化的一站式酒店式服务，它代表了一种追求极致的服务精神。近几年来，不少高星级酒店都设了行政楼层，为客人提供一站式管家服务。如上海外滩茂悦大酒店，最具魅力的特色之一是为客人提供 24 小时专职管家服务。从客人抵店时的入住登记到行李打包开箱，从协助客人预订餐厅座位到各种旅游安排，从客房送餐到解决私人电脑故障，他们可以为每位入住上海外滩茂悦大酒店的客人提供全方位的商务、生活解决方案。这种服务在一定程度上满足了客人的需求，却又在不知不觉中让客人感觉到酒店服务的“温度”，培养了一批酒店忠实客户，树立起酒店的品牌信誉，大大提高了酒店的核心竞争力。

（一）叫醒服务与叫醒饮品服务

提供叫醒服务同时提供叫醒饮品也是管家服务的一大特色，虽然这更符合西方的生活方式，但酒店也能调制各类养生饮品，“洋为中用”，为客人提供更贴心的健康生活。在接到客人的早晨叫醒服务时，应询问和记录客人房号、姓名、叫醒时间。早晨叫醒服务的标准用语应该是：“早上好，××先生/女士，这是您（时间）的叫醒！您的咖啡会在×分钟之内送到您的房间，祝您有愉快的一天!”

（二）行李打包、拆包服务

这是一项酒店特色管家服务，管家在做这项工作时一定要细心，做到专业、快捷、有序，同时不要侵犯客人的隐私，这样才能让客人满意。

（三）楼层管家式服务

一些酒店在客房提供楼层管家服务，为住客提供针对性、灵活性的客房服务，楼层管家主要有以下工作：住店服务、送客服务，拜访客人、征求意见，收集客人喜好、做好客史档案等。

小资料

某酒店是一家五星级酒店，酒店客房部采用管家式服务，从客人入住到客人离店，楼层管家提供全程跟踪式服务，给客人超值享受。如发现客人咳嗽，楼层管家就会为客人送上一杯姜茶；如果客人戴眼镜，主动提供擦眼镜布；发现客人带电脑，主动提供鼠标垫及电脑散热架；发现客人房内晾晒湿衣服，主动将湿衣服拿至洗衣房烘干，这种细微的客房服务，常常能给客人带来惊喜，并在酒店网评中给予表扬。

摘录其中一条网评：作为一家老牌五星级酒店，服务真的很不错。此行住了两天，第一天 check in 的时候，前台会提前知会酒店的一部分楼层刚装修完毕，会影响入住感受，又送了我酒店自家的眼镜布和下午茶券。到房间后，楼层管家钟敏十分亲切有礼貌，为我送来了加湿器和欢迎饮料，并热情地为我介绍周边好去处，还会在我的烟灰缸里放一张沾了水的纸巾，上面还写着“吸烟有害健康哦。”随后大堂经理又来电问候。虽然出了一点小插曲，但那都不是事儿。房间一天会来打扫两次，并且服务员还会用毛巾折叠成小动物。想写的还有很多很多，总之，下次来南京，一定还会入住某大酒店的！赞赞赞！

知识链接

酒店管家你见识过吗？

在外国电影、电视剧里，豪门管家一出场，永远是一身黑色燕尾服，黑皮鞋锃亮，头发一丝不乱。再配合标志性的微笑和绅士举止，令“管家”这个词充满神秘感。

管家到底管些啥？管家需要具备什么样的技能？

1. 像保姆：十八般武艺全会

如果你走进一家高档酒店，瞧见哪位服务生身穿白衬衫、红马夹、黑色西装外套，毕恭毕敬地向你点头微笑：“您好，有什么可以帮您？”没准他就是一位酒店管家。从客人入住的那一刻起，酒店管家会全程陪伴，打点一切。

“要成为一名合格的管家，一招一式都需要经过千锤百炼。”仪态和礼节是第一课。比如：与客人说话时，距离最好保持在一臂半；敲客人的房门，每次按门铃的间隔，控制在7秒左右；走路不能东张西望，一旦眼睛余光扫到周围有客人，应立即停下脚步，为客人让路；下蹲也不能随随便便；给客人递笔时，应握住笔的前部，使客人接到的是笔的后部，让他们拿得顺手；送报纸时，将报纸斜靠在手臂上，露出每张报纸的报头，让客人一目了然。

管家必须百般技能样样精通。他还得会熨衣服会叠西装，能替客人打包行李箱，用熨斗烫报纸，温度要控制得恰恰好，这样可以防止报纸上的油墨弄脏客人的手。

2. 像“间谍”：住客喜好预先知

接待每一位客人，酒店管家都必须事先“备课”：客人平时睡的枕头多高，喜欢鹅绒枕头还是弹性棉的？枕套喜欢用棉布还是丝绸？衣架需要木头的还是塑料的……掌握如此多的“个人档案”，为的是让客人一进酒店，就如同回了家。这些信息从何而来？靠的是管家的一双火眼金睛。

上海金茂君悦大酒店的管家Hugh通常会复印客人入住酒店期间的所有用餐记录，如果客人请朋友一同吃饭，他还会细心地将他自点和为对方点的菜加以区分。房间也是重要的线索来源：客人在房间里的冰箱中挑选的是红酒还是可乐？如果是可乐，是百事还是健怡？有的人喝咖啡不放糖，有的只加一滴牛奶，还有人只喝某年出产的酒，并且必定加冰块。有人喜欢用依云水洗澡，有人习惯早起，有人晚上喜欢吃夜宵……这些细节，管家看在眼里，一一记录在手册上。

有了这些记录，接待回头客就方便了许多，只要一家酒店的管家记录下这些个人信息，下回客人再入住这家酒店在全球的任何一家连锁店，都能享受到宾至如归的服务。

3. 像记者：细节一样不落

客人入住后，管家必须时时察言观色，更新“客史档案”：一旦发现客人房内床头柜上有杯、瓶留下的水印，第二天，管家会在原处为客人多准备一瓶水；如果发现客人带了很多衣服，赶紧添加衣架；如果客人喜欢运动，就为他准备运动型饮料；天气炎热，就在客人的车里多放上几块干净的毛巾；如果客人的腰不好，在车上多放几个靠垫。有一次，Hugh 发现，不论白天还是黑夜，某位客人的房间里总是亮堂堂的。他把这一条记录在案，保证客人下回入住时，房间窗帘和灯全是开着的。

4. 像保镖：过滤信件、食物

遇到需要 24 小时服务的贵宾，管家会住在客人的隔壁，每天，管家依据客人的日程表，提早起床，守候在客人的门口，保证他们“一天中最早见到的人是管家”，晚上，不论客人多晚回来，管家必须守在大堂接车，客人不睡下，管家也不能睡。接待各国领导人时，管家也会充当“保镖”的角色，替他们接收陌生信件，如果有必要，必须帮客人打开信件；客人用餐的食物，管家负责拿去检验。

好管家必须还是个好导游。他们得熟悉当地各种娱乐活动、餐饮地点，能迅速根据客人的喜好，推荐合适的地点，并订餐、订车、订票。如果客人需要，管家还要充当翻译和私人顾问，陪同客人出门游玩；一旦遇到商务客人，管家得充当临时秘书，帮助收发 E-mail，复印、打印文件等。

当然，更多时候，酒店管家做的是协调工作，客人饿了，管家马上联系厨房；房间脏了，管家通知客房部来打扫；客人外出，管家负责找好司机；客人病了，立刻通知医生。

（资料来源：《申江服务导报》，2005 年 8 月 31 日）

拓展练习

（1）学生分组角色扮演，模拟练习处理客房服务特殊情况。

（2）管家服务模拟练习。要求：设定特定 VIP 客人，分组模拟楼层管家服务全过程。

模块四

客房部组织管理

学习目标

1. 了解客房部编制定员的定义。
2. 熟悉客房部编制定员的方法。
3. 掌握客房部员工招聘及培训的方法。
4. 掌握客房部与其他部门的协调关系。

项目一　客房部编制定员

任务导入

客房部编制定员的现状

以小组为单位，通过上网搜集或者走访校企合作酒店了解酒店客房部编制定员的情况。根据小组了解的情况进行课堂讨论，老师进行总结点评。

课程内容

一、编制定员的概念

编制定员是指酒店根据实际情况和发展目标，采取科学的程序和方法，合理地确定组织机构和岗位设置，并对各部门、各员工进行合理配备。它所要解决的是酒店各工作岗位配备什么样的人员，以及配备多少人员的问题，通过对酒店用人方面的数量规定，从而保障酒店有效运转，促进机构精干高效，提高劳动生产效率。

（一）编制定员的概念

“编制”主要是指机构、部门人员搭配设置的规定；“定员”则更侧重从岗位角度确定配备人员的数量。由于酒店部门的定编和定员是彼此密不可分的两项工作，因此这两个概念是统一不可分割的。

客房部编制定员工作是酒店人力资源规划和劳动组织的重要组成部分，它为合理安排部门内各类人员的数量、比例提供了依据，对于合理使用劳动力、提高劳动效率、挖掘劳动潜力、提高劳动组织水平、加强劳动纪律管理都具有十分重要的意义。

（二）编制定员的依据

酒店确定编制的通常做法是根据酒店客房数量来制定的，一般按照1：1.5的比例。那么，一家有200间客房的酒店，它的劳动编制定员即为300人。但是这种方法也不是绝对的，影响编制定员的因素还有很多方面，主要包括如下几种：

1. 业务范围

客房部的编制定员与客房部的业务范围成正比关系。业务范围广的酒店，规模大、档次高、服务项目和服务标准要求也高，所以客房部岗位配置多、人员分工较细。

2. 管理模式

目前大多数酒店多采用客房服务中心的模式，这种模式人员编制比较精简；而少数酒店采用的是楼层服务台模式，这种模式每个楼层需设置2～3班的值台服务人员，这种模式人员编制比较多。

此外，如果酒店将公共区域的卫生清洁和清洗布草的业务外包给清洁公司，那么客房部的人员编制相应也会减少。

3. 员工素质

员工素质的高低也会影响到客房部的编制定员。客房部员工的年龄、性别、文化程度，以及工作态度、思想素质和技能水平等的差异都将影响工作效率，工作效率高编制定额就低，反之则高。

4. 客房设施与外部环境

酒店的建筑风格、使用的建筑材料、客房设施设备的质量等都会影响到客房部的编制定员。同时，当地的气候、空气质量、周围环境等，也会一定程度上对编制定员起到影响。

二、组织机构设置

客房部在设置组织机构时，应遵循扁平化、小型化的原则。客房规模越大、级别越高的客房部，其分支机构、机构层次及所设的工作岗位越多，所

案例分析

员工压力太大了

某酒店为了节省开支，减少客房部的用工人数，将客房部楼层清扫员早班的日工作定额从13间客房提高到16间，外加每天数量不等的钟点房。由于工作量加大，服务员为了准点下班，加快工作速度，造成清扫服务不到位、服务质量问题增加，客人投诉增多等现象。

请问该酒店采取这种降低成本的方法恰当吗?

【评析】

该酒店为了降低成本而增加客房部服务员工作量的方法是不对的。酒店不能为了减少人力成本开销而任意增加员工的工作。客房部的工作应该根据酒店的实际情况进行合理的编制定员，不能随意进行更改。

需配置的员工数量必然也多；反之，则少。组织结构设置的模式在模块一中已进行详细介绍。

三、工作量预测

工作量是编制定员的重要依据，工作量的大小与所需的员工数量成正比。客房部在编制定员时必须科学准确地预测部门、各分支机构及各岗位的工作量。主要采取以下两种方式来确定工作量。

（一）了解客情

客情预测是客房部日常用工人数计算的基础，及时、准确地将客情预测信息传递到客房部也就显得极为重要。为确保这一点，除了要求客情预测部门努力提高预测的准确性，还应规范部门之间信息传递的内容、时间及方式。酒店前厅部等部门传递到客房部的客情预测表应包括：次日及近期一段时间内（如3天、一周等）的住客情况、预计客人抵离情况、团队预订情况、会议预订情况、重大活动安排等。

（二）确定每天用工人数

每天用工人数的确定，应该根据预测的客情、工作计划及员工工作定额进行科学计算。如在考虑客房清扫员时，由于客房出租率直接决定工作量的多少，可预先制作一张客房出租率与所需清扫员的对照表，还可预先排出员工在未来一段时间内的各班次，然后每天再根据当天的客情对人员安排做一些微调。

由于酒店每天的客情是不断变化的、客房部的工作量也因此不断变化，客房部的员工排班必须依据客情变化而灵活操作，原则上是先安排固定工，然后根据工作量的变化安排临时工。

四、编制定员的方法

客房部在一定时期内需要配置的劳动力资源总数根据客房部不同的工作人员、不同的工作性质等会采用不同的计算方法。主要包括：按劳动效率定员法、按岗位定员法及按职责范围定员法。

（一）按劳动效率定员

按劳动效率定员，就是根据工作量、员工的劳动效率（工作定额）和出勤率等来确定编制定员，主要适用于实行劳动定额管理、从事变动性工作的岗位，如客房清扫员岗位。计算确定式为

$$\text{定员人数}=\frac{\text{工作量}}{\text{员工劳动效率}\times\text{出勤率}}$$

（二）按岗位定员

按岗位定员，就是根据组织机构、服务设施等因素，确定需要人员工作的岗位，再根据岗位职责及业务特点，考虑各岗位的工作量、班次、员工的出勤率等，确定各岗位所需配置的人员数量。这种方法适用于从事固定性工作的岗位，如客房中心文员、洗衣房服务员。

（三）按职责范围定员法

按职责范围定员，就是根据酒店的组织结构、人员职责范围、业务分工和工作复杂程度定员，它主要适用于确定管理人员的数量。

项目二　员工聘用与培训

任务导入

以小组为单位，为酒店客房部设计一份招聘计划，老师进行点评。招聘计划的内容包括：

（1）人员需求，包括客房部招聘的岗位名称、人数、任职资格要求等内容。

（2）招聘信息发布的时间和渠道。

任雇佣公司的人事部门、档案管理部门进行公函式的调查，以得到最真实可靠的消息。如果背景调查及学历认证均无问题，那么就可以发出录用通知。客房部员工招聘流程图如4-1所示。

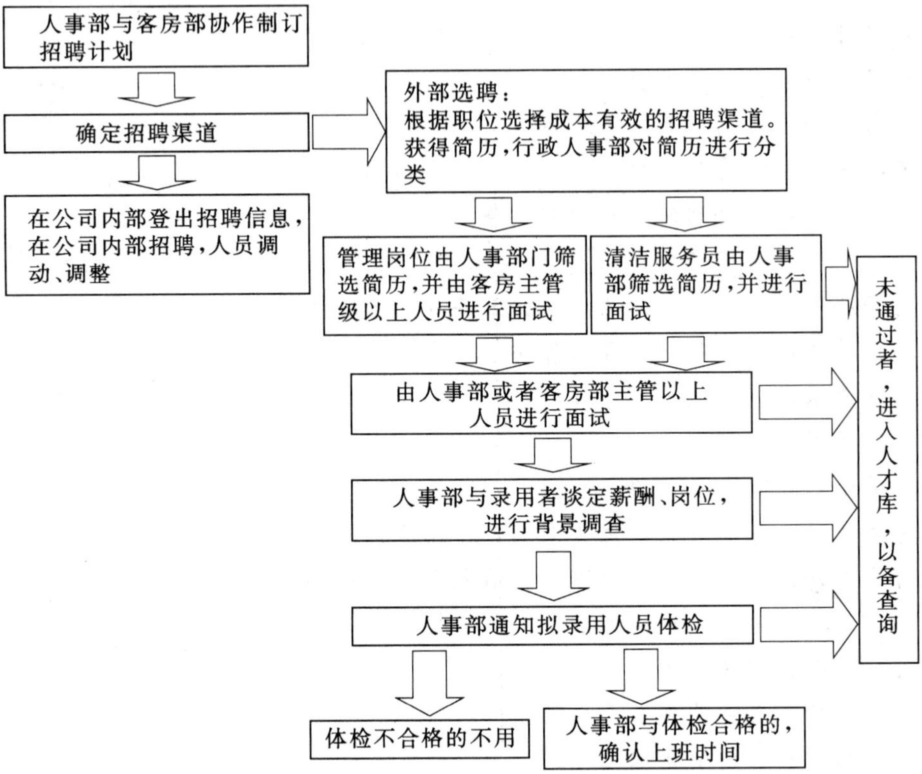

图4-1 客房部员工招聘流程图

（二）招聘方法

客房部在招聘的过程中，主要采用内部招聘与外部招聘两种方法。

1. 内部招聘

（1）内部晋升或岗位轮换。内部晋升是指酒店内部符合条件的员工从现有的岗位晋升到更高层次岗位的过程。岗位轮换是指企业有计划地让员工轮换担任若干种不同岗位的工作。客房部在每次绩效评定的时候，要对员工的工作目标完成情况及工作能力进行评估，建立员工发展档案，提升有潜力的业绩优秀的员工。

（2）内部公开招聘。在酒店内部有职位空缺时，可以通过内部公告的形式进行公开招聘。一般的做法是在酒店的内部主页、公告栏或以电子邮件的方式通告给全体员工，符合条件的员工可以根据自己的意愿自由应聘。这种方式可以激励员工，培养员工的忠诚度。

2. 外部招聘

为了招聘到合适的员工，酒店还需设法通过更多的外部渠道进行招聘。

(1) 发布招聘广告。发布广告这种招聘方式的优点是，覆盖面比较广，发布职位信息多，信息发布迅速，联系快捷方便。缺点是对应聘者信息的真实性较难辨别，成本较高。

(2) 校园招聘。酒店应与一些职业院校建立长期稳定的校企合作关系，共同进行人才培养。职业院校的学生专业知识和基本技能较强，综合素质较高，可塑性也高。他们加入酒店后，能给酒店带来新的气息，优化员工队伍。

(3) 双选会招聘。双选会的招聘方式对酒店客房部招聘管理人才比较有用。由于应聘者集中，人才分布领域广泛，酒店的选择余地也较大。酒店通过双选会，不仅可以了解当地人力资源素质和走向，还可以了解同行业其他酒店的人事政策等情况，而且招聘费用比较少，招聘周期较短，招聘工作量较小，能尽快招聘到所需人才。

(4) 网络招聘。酒店通过自己的网站、第三方招聘网站等机构，使用建立数据库或搜索引擎等工具来完成招聘的一种方式。网络招聘已逐渐成为人员招聘最为重要的方式之一。但是，网络招聘要警惕和排除虚假信息，以免影响组织招聘的效益和效率。

二、员工培训

现代酒店业竞争激烈，各酒店应该对员工进行有目的、有计划的培养和训练使员工不断地更新知识，开阔视野、提升技能。高素质的员工队伍是酒店最重要的竞争因素。

(一) 培训类型

酒店员工培训的方式较多，按照实施培训的阶段分类，主要可分为岗前培训、在职培训及脱产培训三种。

1. 岗前培训

岗前培训分为新员工入职培训和调岗员工岗前培训两种。

(1) 新员工入职培训。新员工入职培训是指新员工进入酒店报到后，未正式工作之前进行的培训。这是酒店培训工作最基础、最重要的内容。入职培训的目的是帮助新员工树立酒店服务意识，明确自己的角色定位，获取作为酒店工作人员必备的理论知识，以达到酒店工作人员的基本要求。入职培训的主要内容包括：举行欢迎仪式、学习酒店员工手册、熟悉酒店的环境、掌握工作要求、工作程序、工作职责、业务技能等。培训结束后还要接受严格的考核，考核合格才能正式上岗。

（2）调岗员工岗前培训。调岗员工岗前培训，由于调岗员工之前已经对酒店的经营与服务有一定的了解，所以培训内容主要是工作要求、工作程序、工作职责、业务技能等。

2. 在职培训

在职培训是员工在客房部工作岗位上接受的培训。这种培训可以帮助员工及时获得适应酒店发展所必需的知识和技能，不断提高工作效率，完备上岗任职资格。

在职培训主要定位于岗位业务培训，形式内容多种多样，主要包括：

日常培训：这种培训在平日的工作中就可以进行，可以是师傅进行技能传授、也可以是主管对下属进行个别指导等。

专题培训：这种培训是客房部针对员工进行某一主题的培训工作，如开夜床的方法与布置、个性化服务的培训、礼仪接待的培训等。

交叉培训：这种培训首先要求员工要完成自己的正常工作。酒店为员工提供较多的学习机会，以拓宽员工的事业途径和个人发展机会。同时酒店也可以通过这种培训方式培养业务骨干和储备干部，有利于酒店根据工作需要灵活而合理地调配人员。客房部应该安排员工学习其他部门的业务知识和操作技能，如客房部与工程部交叉培训、客房部与餐饮部交叉培训、客房部与前厅部交叉培训等。

3. 脱产培训

脱产培训是指酒店的员工暂时离开现职岗位，即脱产或半脱产到有关的教育机构参加为期较长时间的学习或进修。对一些专业性较强或准备提拔晋升的人员，酒店或部门可安排他们脱产，参加一些专门的培训班或到专业院校进修学习。

案例分析

一句话引发的投诉

一天早上，客房新员工小张按照服务中心指令前往VIP客人的房间716进行退房的查房工作。

小张迅速赶到该房间并礼貌敲门后发现房间还有客人，于是及时询问客人是否退房，客人说是的并要求小张查房。小张为了快速查房，虽然看到两位客人还在谈话，但是却说“我要查房，请你们出去吧”。小张的话让其中的一位客人很是不满，马上指责小张素质太差，并进行投诉，然后愤然离开。

请问该案例中小张的行为是否正确，出现的问题该如何解决？

【评析】

本案例可以看出小张在说话语气上不够婉转是造成宾客投诉的主要原因，从中反映出了客房部管理与培训的不足。针对这种情况应该加强客房部服务意识与服务接待礼仪的培训，教育员工尊重，明白宾客需求，要多采用换位思考的方式来进行工作。

（二）培训方法

为了加强培训效果，客房部应该选择有效的培训方法，主要方法有以下几种。

1. 课堂讲授法

课堂讲授法主要是在培训教室里集中进行授课。它的优点是运用方便，便于培训师控制整个过程。在课堂的授课过程中，可以采用案例分析的教学法、小组讨论的教学法等。课堂讲授法适宜用于系统的理论性内容的培训，它属于传统的培训方式。例如可以用这种方法来培训客房部组织机构、岗位设置及分工、客房劳动纪律以及岗位职责等。

2. 视听技术法

视听技术法是通过现代视听技术（如投影仪、DVD、录像机等工具）对员工进行培训，其优点是运用视觉与听觉的感知方式，直观鲜明地进行知识传递。例如可以用这种方法来培训酒店概况、酒店文化与发展历程介绍等。

3. 技能演示法

技能演示法是通过模拟工作现场或在真实的工作环境中利用设施、设备进行操作、展示和讲解，这种培训方法比讲解法更为直观，多用于技能培训和训练。例如用这种方法来培训客衣送洗服务、擦鞋服务、中式铺床服务、打扫房间等技能性较强的工作。

4. 角色扮演法

角色扮演法是员工在培训师设计的工作场景中扮演特定的角色，其他员工与培训师观摩，表演后培训师做现场点评。这种方法信息传递多向化，反馈效果好，实践性强，多用于人际关系能力的训练。例如运用这种方法来培训对待特殊客人的服务流程。

案例分析

服务联动提升宾客满意度

服务联动制是指服务区域内，各部门各岗位通过一定的联系方式（如微信联动群、QQ联动群），进行相互协调合作响应、各服务环节的互动交流和联动协作，以提升服务效率的机制。

南宁某酒店通过酒店内部APP、微信工作群等，推行“服务联动制”，采用快速沟通、高效服务的形式为客人提供服务，当客人提前预订了客房后，总台员工就会询问客人一些信息，如总台员工发现客人是自驾到当地的，就会主动询问客人的车牌号码，及时在微信工作群留言，联动停车场员工主动为客人预留车位，当车停好后进行擦洗车辆服务；楼层管家发现客人有晾晒湿衣，主动联系客人是否需要将衣服拿至洗衣场烘干；如果发现客人离店退房早，来不及用早餐，便会联动餐厅准备早餐，在客人结账离店时，送给客人。这种联动服务常常能给客人带来意外惊喜，很多客人对酒店的服务予以高度评价，称其为“超五星的服务”。

【评析】

服务联动的开展，需要酒店各部门、岗位之间的团队合作，就发生在身边的具体服务事件分析、讲解。岗位之间需全力配合，统一沟通方式、术语，进行岗位联动机制演练，使多岗联动的服务形式规范化、常态化。

7. 充分发挥管理人员的作用

部门管理者在部际沟通中起着相当重要的作用，客房部管理者在平时沟通中应积极主动、真诚相待，学会换位思考，主动配合，做到“自己的事情自己做，别人的事情带着做”。

拓展练习

走访、调查实训酒店，分析实训酒店部际协调出现的问题并提出整改措施；并拟定一份客房部与工程部交叉培训的方案。

模块五

客房部费用管理

学习目标

1. 了解预算管理的意义、原则以及预算管理的内容。
2. 了解客房常用设备的种类，用途及质量要求。
3. 掌握客房设备用品的管理方法。

预算是管理人员用来控制和指导经营活动（特别是采购设备用品）的依据。客房部是酒店的消耗部门，在日常运行与管理过程中，会消耗大量的人力、物力、能源等。通过编制客房部预算，做好客房设备用品的管理，严格控制费用，在保证客房产品质量的前提下为酒店创造更好的经济效益。

项目一　客房部预算管理

任务导入

（1）以小组的方式通过自学、实地调研、网络查找资料等方式，了解客房部预算的内容，设计客房部预算表格及预算项目。

（2）分析两份不同星级酒店客房部预算表，比较其异同之处并写出分析报告。

作为经营部门，客房部经营管理的最终目的就是要实现一定的经济效益。科学编制、严格执行和控制预算，能使客房部经营过程中的各项费用开支得到有效的控制，最大限度地保证客房部利润目标的实现。但预算的管理又是一项比较复杂的工作，加强预算管理意识，掌握预算原则，并用这些理论与方法指导实际工作是本模块的重点。

课程内容

一、客房部预算管理的意义

(一) 预算的定义

预算就是以货币形式反映出来的计划，是企业对将来某经营周期内的经营活动和经济效益所做出的详细的、综合的计划。客房部预算就是以货币形式做出的客房部一定周期内经营活动和经济效益的详细的综合性计划。

(二) 预算的意义

客房部经营活动的最终目的是提高客房部乃至整个酒店的经济效益，实现一定的利润。为了保证利润目标的实现，客房部应加强对其经营活动的预算管理，确保客房部经营活动正常进行，并对客房经营的成本、费用实施有效控制。

客房部加强预算管理，对提高其经营管理水平有着十分重要的意义。

1. 明确目标

科学的预算能指导客房部更好地开展业务经营活动。预算是计划的具体化，是计划详细的数据说明。预算为客房部规定了具体的目标和任务，客房部据此安排自己的经营活动，以完成酒店的战略目标。

2. 合理安排各种资源

客房部的管理者为保证经营总目标和分目标的实现，要制订实现目标的具体计划和措施，对经营活动事先做好组织安排，协调各职能岗位和各环节的工作，科学、合理地使用人力、物力和财力等资源，加强对经营中各种资源的利用及消耗的控制，以便用最少的投入取得最佳的经济效益。

3. 提高工作效率

客房部在制定经营目标时，还应制定出考核办法和奖惩制度。经过科学、合理的预算所制定的经营目标，应是各级管理者和全体员工经过努力可以实现的目标。这样就能充分调动全体员工的积极性，明确客房部的预算目标及实现这一目标所要采取的措施，以便密切配合，相互协调，提高效率，积极主动地、创造性地完成利润目标。

4. 提供考核的依据

经营周期结束后，客房部还应将预算执行的实际情况与预算进行对比，进行差异分析，做出业绩评价。事先编制的预算，则是考核客房部实际工作成绩的准绳。

（三）预算的依据

客房部预算是控制客房设备用品、控制营业成本、提高设备完好率和加强客房部管理的重要依据，制定客房部预算的主要依据是：客房出租率、日常工作记录、历史资料、客房部的各项支出和用品消耗量等。

1. 客房出租率

客房出租率是客房部预算最重要的依据，客房出租率的高低决定着客房营业用品的需求量、员工的使用数量以及客房设备的损耗情况等，对客房的开支起着决定性的作用。因此，客房部必须根据酒店经营业务总计划，以及当地的一些活动，预测未来一段时间内客房出租率情况来制定预算。

2. 日常工作记录

客房部物品储存、设备维修保养记录等，都是制定客房部预算重要的参考依据。因此应根据物品储存、设备维修保养情况的准确数据对预算进行修正。

3. 历史资料

客房部的各项支出和用品消耗量等历史资料，对客房部预算的编制极具参考价值，它不仅能够提供营业的一般状况，而且通过对比分析还能够对未来的发展趋势有明确的认识。因此可根据客房部往年实际消耗的历史资料，在一般状况的基础上，考虑本年度特殊安排，如本地区是否有重大的节庆活动等做适当调整，即可制定出较为准确的预算。

4. 检查库存

库存客房经理要检查各类物品的库存量，做到心中有数。

5. 制定预算

了解酒店近期是否有更新改造或某类产品改型的规划，并根据规划制定预算。

6. 了解价格

了解供应商及市场上各种物品原料的价格，以及价格上涨指数。

二、客房部预算管理的原则

（一）充分沟通

客房部预算的编制是在酒店领导下，根据酒店财务部的统一部署，与餐饮部、康乐部、商品部及其他部门的预算同时完成的。其中，客房出租率和客房销售收入预算必须由客房部，销售部、前厅部共同编制，然后报给酒店财务部和总经理审批执行。

案例分析

2018年热度旅游城市星级酒店平均房价与出租率情况

2018年热度旅游城市星级酒店平均房价与出租率情况如图5-1和图5-2所示。

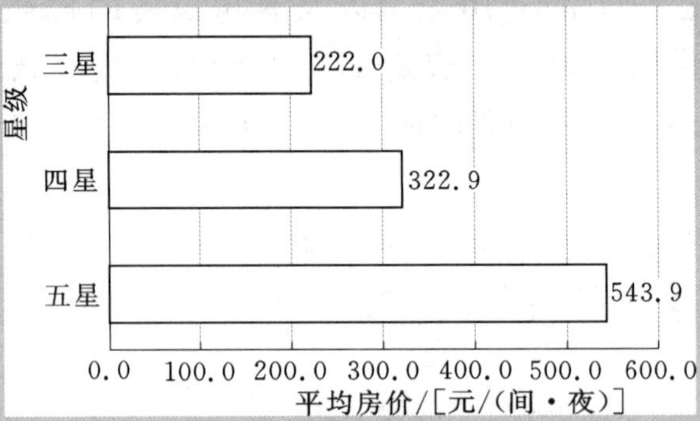

图5-1 2018年热度旅游城市星级酒店平均房价

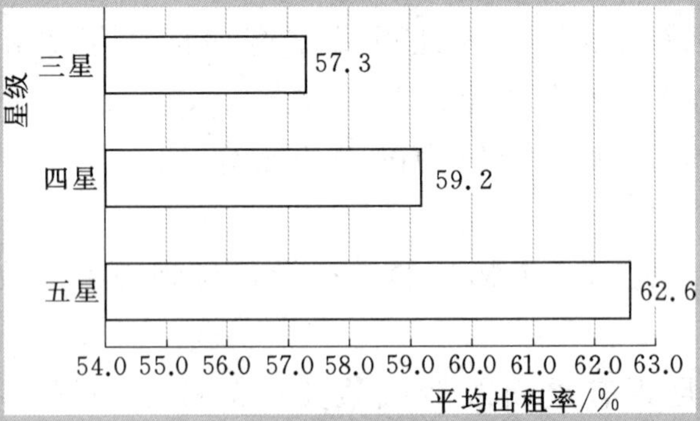

图5-2 2018年热度旅游城市星级酒店客房平均出租率

【评析】

从图5-1和图5-2中，我们可以看出，酒店客房的平均房价和出租率能为我们制定酒店客房预算提供真实有效的数据。因此，我们可以根据客房出租率情况来制定预算。

（二）实事求是

客房预算的编制必须坚持科学性原则，做到实事求是，按照客房部的实际情况及经营管理需要进行确定。同时，还应保持一定的先进性，充分发掘内部潜力，准确把握市场发展趋势，防止经营指标过低，要充分调动广大员工的积极性和主动性。

（三）分清轻重缓急

编制客房预算时，应充分考虑预算项目的优先顺序，分开主次，一般可以按照下列次序排列：

第一优先：第二年必须购置的项目。

第二优先：增加舒适程度和改善外观的新项目。

第三优先：未来两年内需要添置的项目。

三、客房部预算管理的主要内容

（一）工资预算

客房部应根据人力资源部制定的人员编制，在确定员工数量的基础上，适当考虑物价上涨，出租率提高，需要补齐人员等因素，确定员工的工资预算。

（二）布草预算

包括床单、被套、枕套、枕芯、被芯、浴巾、面巾、中巾、浴袍、地巾以及其他织物，应根据其需要补充或更新的数量以及市场价格计算出计划金额。

（三）制服预算

包括全体员工制服更新的购置及新增员工制服数量，结合市场价格计算出计划金额。

（四）营业用供应品预算

包括客用物品、清洁剂、洗涤剂等用品，这些应根据客房出租率、物品消耗或损耗等情况进行计算。

（五）客房设备预算

客房部的预算包括客房设备的保养、维修与更新费用，客房部应根据酒店的更新改造计划以及客房设备的实际状况，制定出有关客房更新改造的费用预算。

（六）其他预算

包括临时工工资，员工消费、办公用具，印刷品、劳保用品、水电费、通信费及奖金等。

项目二 客房部用品管理

任务导入

（1）分组通过自学、实地调研、网络查找资料等方式，了解酒店客房节能降耗的措施及成效。

（2）以小组为单位到当地酒店设备用品商店进行市场调研，整理出一套酒店客房设备用品的种类、品牌、售价等资料。

课程内容

一、客房部设备管理

客房设备管理是客房管理的重要内容，加强对客房设备的管理，有利于保证客房产品质量、延长设备的使用寿命、减少设备维修、更新的资金投入。客房设备用品是保证客房部正常运转必不可少的物质条件，选好、配好、用好、管好客房设备用品对保证客房产品质量、提高宾客对客房的满意度、创造良好的经济效益都具有重要意义。

（一）客房设备与用品的分类和选购

一座现代化酒店客房管理系统的基本设备和用品的种类有二三百种之多，为了便于管理，根据酒店的统一规定，酒店设备及用品分为两大类：一是高值耐用品，即价值在 500 元以上，使用年限在一年以上的用品设备；二是低值易耗品和物料用品，这一类物品在使用年限上又有规定，价值如 5 元以上、500 元以下的物品，使用年限应在一年以上，价值为 5 元以下的物品使用年限应在一年以内。

（二）客房设备的配备

客房设备的配备不仅是简单的客房家具布置和设备安装问题，实际上，设备配置的种类、质量会直接影响客房的功能、档次和特色。因此，酒店必须从产品设计的角度来配备客房设备，配备时具体应考虑以下几方面的问题。

1. 客房档次

酒店设备的购置需依据经济合理的原则，选择配备与客房档次相适应并在同类级别的其他酒店中较为先进和良好的设备，档次高的客房配置设备的种类多，规格也高。总统套房、豪华间、商务房、标准间、经济间的设备就分档次配备，这就是针对性。

2. 客房种类

一家酒店通常会设计若干不同类型的客房，不同类型客房的使用功能不同，客房设备配置的要求也不同。如商务房，客房内应配置一张双人床、一套舒适的办公桌椅和现代化的办公设备；而公寓房则应考虑家庭居住的需要，可配备小型的厨房、简单的厨具，如电磁炉、微波炉等。

3. 使用对象

不同的使用对象，对客房有着不同的消费需求。酒店应重视研究各类目标市场消费群体的特点及他们对客房的特殊需求，有针对性地配置各类客房设备，最大限度地满足客人的需求。如长住客物品较多，客房内应加配储物柜或书柜；有些客人对健身设施要求较高，客房内可配备一些简单的健身器材，如跑步机、哑铃等。

4. 经营思想

酒店管理者的经营思想是配备客房设备的主要依据之一。如果管理者主要从节约能源方面考虑，有些客房设备如电热水器、电热淋浴器等，虽然使用方便且美观，但耗电量较大，就不宜选用。经济型酒店客房大都选用分体式空调，以节约能源，有些酒店标准双床房两床中间配置活动的床头柜或不设床头柜，两张床铺可分可合。

5. 竞争对手

“知己知彼，百战不殆”，酒店应了解主要竞争对手客房设备配备的种类、规格、档次等情况。为保持在竞争中的优势，客房设备配备应适度超前，可在竞争中处于较为有利的地位，做到“人无我有，人有我优，人优我特”，创造出酒店品牌、酒店特色，吸引客人。

（三）客房设备的选择

客房设备与用品的质量直接影响住客的满意率、设备的使用效果和使用寿命。客房设备选择的基本原则是：技术上先进，经济上合理，符合酒店的档次，适应客人的需要，有利于提高工作效率和服务质量，选择客房设备时，应考出以下因素。

1. 实用、牢固

客房内所配置的设备必须实用，每一件设备都有其特定的功能，满足客人的实际需求，并且使用方便。此外，客房设备使用率较高，使用对象更换频繁，所以应选择操作简便、坚固耐用的设备。

2. 舒适、方便

舒适、方便是客人对客房设备的共性要求，凡是直接或间接作为客人享用的设备，要以满足客人的生活需要为主，同时提供相应的享受功能。如许多酒店将客房的沙发换成沙发躺椅，即一张沙发、一张坐凳，合起来用是躺椅，分开后，可供两人使用；电吹风尽量不要固定在墙上，因为线太短，客人使用极为不便；电话机最好是移动电话，方便客人在房间各处使用。此外，客房设备需方便客人操作，如传统的床头电源控制柜，客人操作不便。一些酒店的窗帘采用电动控制开关，客人使用极为方便。而生产性、服务性设备则要以提高工作效率和服务质量为主，便于员工操作。

3. 美观、协调

客人在客房内的时间较长，客房设备应在实用、牢固的基础上讲求美观、协调，使客人在使用过程中得到某种享受。首先，设备外观要耐看，给客人以美感；其次，设备的风格、大小、造型、色彩、质地、档次等必须与客房整体布置相协调，整个房间应有一个统一的主色调；第三，同一客房内的设备需配套协调，给客人以和谐、舒适之感。

4. 安全

安全是住客的基本要求，客房内所有设备都必须有很高的安全系数，在布置安装时需采取相应的预防性措施和应急设施。如家具饰物要具有防火阻燃性；电器设备具有自我保护装置等，甚至包括防滑、防碰撞、防静电、防噪声污染等要求。此外，商家有无售后服务也是设备安全的重要保证。

5. 节能、环保

随着人们节能和环保意识的增强、科学技术水平的提高，客房设备的选择还应考虑节能和环保，新的节能和环保产品不断涌现，酒店在配置客房设备时，应优先选择利于节能和环保的产品，如节能灯、节能马桶，以便降低能耗、降低成本，为保护环境做出贡献。

6. 便于清洁、维修保养

客房设备需要每天清洁，不管设备质量多好、多么坚实耐用，都需要定期维修保养。因此，在选择客房设备时，必须充分考虑这方面的因素。客房设备本身的材料、构造应便于清洁和维修保养。另外，客房设备的布置安装也要简便、易于维修、保养、利于提高工作效率。如木制家具线条要流畅，不宜有过多的装饰，又如水晶吊灯清洁和维修非常困难，客房就不适宜安装。

7. 售后服务

客房设备供应商有无售后服务、售后服务质量如何也是选择客房设备必须考虑的因素。酒店应尽可能多了解一些市场上设备供应商的信誉、售后服务等情况，在购买设备时须与供货商签订相关协议，要求其提供相应的售后服务。

（四）客房设备的日常管理

1. 归口管理，明确责任

客房设备应要进行归口管理，建立完善的责任制度，充分调动员工积极性，使用好、维护好、管理好设备。

客房服务员在清扫客房时必须重视检查客房设备这个环节，如灯具的灯光是否明亮，空调是否正常，卫生间龙头出水是否顺畅，地漏排水是否流畅，换气机是否正常，电视机是否清晰、频道是否调好，电话机是否畅通，冰箱是否漏水，电子门锁是否需换电池等，这些是显而易见的，服务员需及时检查报修。此外如果发现设备损坏，零配件脱落等应拾起来保管好，等维修人员维修时用，如洗脸盆塞子、喷头扳把、柜门把手、抽屉拉手、金属盖板、毛巾杆的装饰螺帽、窗帘挂扣，总之一个零件、一个螺丝钉都不能丢失，只有这样才能迅速修复，保持设备的完好。

2. 建立日常保养制度

客房部应根据房间家具设备的使用特性，制订客房设备的保养周期和保养质量要求，并严格执行。如房间家具每月用家具蜡保养一次，铜器每天用擦铜剂擦拭一次，电冰箱每周除霜一次等。

为保证客房设备运行良好、及时发现隐患，对各类客房设备还应制定定期检查制度，责任到人，定期对客房进行检查和计划维修，发现问题及时处理。

3. 及时维修

客房设备一旦出现问题，应及时进行维修，否则小问题容易变成大问题，增加维修工作量，缩短设备的使用寿命。客房维修有两种类型：一是小维修，小维修是对设备进行局部的修理或更换部分小零件，恢复其使用性能，在短时间内即可完成；二是大维修，大维修是对设备进行全面的修理，需花费较长时间更换主要部件来恢复其使用功能。

4. 重视员工培训

客房部应重视员工培训，要求相关员工必须参加设备培训，学习和掌握所使用设备的原理、结构、性能、使用、维护、维修及技术安全等方面的知识，强化设备操作技能训练，并严格考核。

案例分析

一份传真

上午九点，入住某四星级酒店1206房的李先生，急匆匆地跑到商务中心要求发一份文件，商务中心的服务员小王感到纳闷，于是问道："先生，您的房间里我们配有传真机呀，为什么还跑下来呢？"客人气不打一处来地说："我就是选择了有办公设备的房间入住的，谁知今天突然发一份急用的文件，传真机试了几次也用不了，没办法，才跑到这，四星级酒店，房间办公设备总不能是个摆设吧？"

小王想尽力平息客人的怒气，于是对李先生说道："您现在的心情我非常理解，因为我也是干这一行的，也曾有过这种经历，我对此深表同情，首先我代表酒店向您表示道歉！我们酒店的设备也是方便客人办公的，这次是我们没有检查到位，给您造成不便我们也很难过。非常感谢您的提醒，我马上通知维修部的同事去维修，并会将此事报告我的上司，让大家对此引起足够的重视。保证给您一个满意的答复，您看好吗？"说完小王向客人表示了歉意，随即打电话通知了维修部，并将此事报告了经理，李先生看着小王做完这一切，满意地点头离去了。

【评析】

案例中酒店商务中心员工小王无意中的一句问话，引出了一个客房部平时经常忽略的问题，就是酒店虽然配备了传真机这样的办公设备，但在维修保养方面不够重视，也未定期检查设备是否正常，一些设备不经常使用，服务员做房间时也会疏漏，于是便造成了本案中李先生遇到的麻烦。其实只要酒店建立起完善的日常保养制度并大力执行，此类问题完全可以避免。

（五）客房设备的资产管理

客房设备大多属于酒店的固定资产，所以设备管理首先应做好资产管理工作。

1. 建立账卡

购进客房设备后，客房管理人员必须严格查验，建立设备登记档案，将设备按照购买的发票编号分类注册，登记设备品种、数量、型号、规格、价值以及分配到各部门、各班组。每个使用单位（一般以一个或若干个班组为一个单位）将所管理的设备登记在小组设备账卡上并保留设备的发票和维修单。客房设备账卡见表5-1。

客房设备还需建立相应的档案卡，建卡时要做到账卡相符，即档案卡登记设备的种类、数量、名称要与小组账本相符，以便核对控制。客房设备在使用过程中发生变动、损坏、维修等情况以及设备的使用状况都应在档案卡片及相关账卡上做好记录，以便设备维修部门全面掌握。建立客房设备档案时，要按一定的分类法进行分类编号，每件设备都有分类号，以便管理。客房设备档案资料卡见表5－2。

客房设备维修表见5－3。

表5－1　客房设备账卡

使用单位：____________

类别	名称	编号	规格	数量	领出	结存	建账日期	经办人

表5－2　客房设备档案资料卡

型号	编号	物品名称	供应商	价格	购买日期	经手人

表5－3　客房设备维修表

维修日期	维修价格	维修项目	维修方式	维修人

2. 建立客房设备的历史档案

为加强对客房设备的管理，以及全面掌握客房设备的使用情况，除了建立设备账卡外，还应建立客房设备的历史档案。所有客房包括公共区域的设备，均须设有历史档案。主要内容有：设备的数量和种类、特征、规格、装修或启用日期、维修保养记录等。

（1）客房设备一览表。该表要求将客房电器、家具、地毯、织物、卫生洁具及建筑装饰等分类记录，并注明其规格特征、制造商、使用日期等，每一间客房一张表格。客房设备一览表见表5－4。

表5－4　　　　客房设备一览表

房间类别＿＿＿＿＿　房号＿＿＿＿＿

设备类别	项目	数量	规格	单价	颜色	制造商	使用日期	维修保养记录	更新改造	备注
电器	电视									
	电话									
	空调									
家具	沙发									
	床头柜									
	床垫									
	床架									
	床头板									
地毯织物										
卫生洁具										
建筑装饰										

（2）各楼层设计图。各楼层设计图能清楚地显示酒店共有多少类型的客房、客房总数、客房确切的分布情况和功能设计等。

（3）织物样品。窗帘、墙纸、地毯、床罩等各种装饰物的样品都应作为存档资料。

（4）照片资料。每一种类型的客房都应保留有资料图片：床和床头柜的布置，沙发和桌椅的摆放，写字台和行李柜布置，装饰画、水暖器件和电器的安装等，套房的起居室、餐厅和厨房等。

（5）客房号码。根据酒店客房的类别和装饰特点，分别列出客房号码的清单。

以上这些资料做好后，如设备装饰有更新也要及时更新档案资料。

3. 建立工作计划表

客房部应设有一份工作计划表，列上那些需要特别安排工作的房号或区域。如需进行大维修、重新装修或更换物件等，待所列工作完成后立即登记到档案，更换新的内容。这一份工作计划表可以提醒客房部管理者，不要忘记那些需要特别关注的工作。

4. 建立机器设备档案

机器设备档案应根据使用说明书，了解设备的使用寿命，并定期进行检查与保养。使用者应提前向管理部门提出购买新的设备计划，此外，每件设备都应为其划分使用区域，并应在必要时作上适当的永久性辨认标记。

（六）客房设备的更新改造

客房的更新改造主要有两个方面的原因：一是酒店开业时间已很长，客房装潢和设备都已陈旧老化，继续使用不仅不能保持其水准，而且维护费用高。二是酒店行业竞争日趋激烈，为了保证酒店的档次和格调的一致，满足宾客需求不断变化，保持原有宾客的情况下并扩大对客源市场的影响力。目前，客房更新改造的周期有缩短的趋势，相当一部分酒店在刚开业时就将客房的更新改造列入议事日程，将其作为酒店周而复始，不间断进行的工作，以保持产品的常新，保持酒店的硬件设施处于领先地位。

客房设备的更新改造计划往往有以下规律。

1. 常规修整

此项工作一般每年至少进行一次，内容主要有：

（1）常规检查和保养。

（2）墙面清洗和粉饰。

（3）地毯、饰物的清洁。

（4）窗帘的清洗。

（5）家具的修饰。

（6）油漆的更新。

2. 部分更新

客房使用达5年时，应该实行更新计划。包括：

（1）沙发布、沙发及床上靠垫等装饰品的更新。

（2）窗帘、帷幔的更新。

（3）更新地毯。

（4）更新墙纸。

3. 全面更新

全面更新往往是10年左右进行一次。它要求对客房的陈设、布置和格调等进行全面彻底的改变。其项目包括：

（1）桌椅、橱柜的更换。

（2）床架和弹簧床垫、床头板的更换。

（3）地毯的更换。

（4）墙纸或油漆的更换。

（5）镜子、灯具和画框等装饰品的更换。

（6）卫生间设备的更新，包括墙面和地面材料、灯具和水暖器件等。

客房设备全面更新改造前，酒店一定要做广泛的市场调研，了解国内外同行业的情况，根据酒店自身的经济实力，要合理调整客房设备，注意增添一些方便客人享用的新功能、新科技设备，要有新观念、新思维、远见性、超前性，敢于突破传统习惯，形成自己的特色。

案例分析

四季酒店设施与用品人性化

现代优质服务首先必须有现代科技和一流设备作为支撑。上海四季酒店在这方面的人性化设计及投入令人佩服，先从客房的门说起，门中有钢板，门的三面有橡皮条镶嵌，像冰箱一样密封。门的下面是大理石条，当门关闭时，底部的橡皮自动顶下，房门就全部密封。在正常情况下，绝对隔音，遇到火灾、烟雾（火灾时死亡最多的是烟雾窒息）进不了房。门可抗烧6小时之久，即使如此安全的门，但打开电视机，首先介绍的不是酒店的豪华舒适，而是酒店的安全指南，四季对客人安全的重视，令人钦佩。

进门不插节能房卡，这是四季的观点，用房卡兼电源开关，给客人带来不便，尤其是忘了拿东西返回时更麻烦。在我们自己的家里，是不用插卡来控制电源的。所以四季的理念是：像在家一样，门口就能摸到开关，至于节能都是酒店的分内工作，不能让客人去做，更不能给客人带来不便。

按下开关，首先亮的是顶灯，虽然这是任何家居必要而又简单的照明，然而绝大多数酒店（包括国外高级酒店）就是不装，这是人性化的一大缺憾。客房顶灯很重要，要知道，房内安装再多的灯，都只解决了局部照明，而顶灯是用来解决整体照明的，这个浅显的家居常识，为什么我们酒店的设计者、管理者和行业指导者多少年来一直视而不见、置若罔闻呢？

四季的床堪称是极品，包括弹簧、填充料等里里外外用100多种原材料精制而成，人体任何部位的沉降力它都能支托到。而且“四季”的床全球一致，住纽约、伦敦、东京，与住上海的四季酒店，床垫的质感和软硬性完全一样，连床上布草也采用完全相同的200支棉织品。若客人对床垫另有要求，可以另换；如枕头的高低软硬不合适，也立即更换，并联网储入客史档案。床尾的垫凳可以翻起，搁放大箱子，让客人把衣物摊在床上，从容地整理入箱。

保险箱就放在电视机下，取放东西不弯腰，更关键的在于保险箱的尺寸。在现代社会，客人一般都是刷卡消费，因此，保险箱存放现金的功能大大弱化了。对“四季”的客人来说，其随身的手提电脑十分重要，里面有许多机密。因此，四季酒店的客房保险箱是专门为存放手提电脑设计制作的，又深又宽，可放进各种型号的手提电脑。

卫生间十分宽敞，有 $10m^2$，墙面不用大理石，而是贴暖色调的墙纸，因为客人在卫生间时穿得单薄或赤身，大理石会产生阴冷的质感，当然，不必担心墙纸会被弄坏，这里用的是世界上最好的防水、防潮、防霉的高强度墙纸，展现一份柔和温馨的气息。

干湿分离自不待言，就是淋浴间那扇门也有讲究，门可向里向外两面开，当开到大于 30°时，开到哪个位置就停在哪儿，而小于 30°时，就自动关上，其考虑的是避免角度太大时的冲击力撞痛或绊伤客人。水龙头装在客人站在淋浴间外面也能伸手触摸到的位置，这样客人可以先开启水龙头，把水管中存留的凉水先放掉而不洒到身上。

卫生间的门与门框之间有三块小不点儿的橡皮，关门时既没了声响，又保证长久不破损，从这不到一块钱的三块小橡皮中，足见“四季”的细心。

宽带设施是酒店必备，在“四季”则更合理方便，拉开电话机下的翻板即可使用，密码就是房号，万能转换插座就放在抽屉里，不必打电话到客房中心。

最令人刮目相看的是空调，现在很多酒店的空调，到冬天，是不送冷风的；而在夏天，则不供暖气的。但在“四季”，空调的冷和热的开关全年管用，也就是说，365 天都供热送冷。四季的中央空调是四条管道的，这是同类酒店双倍的投资和运营成本。也许有人觉得没必要，实际并非如此。譬如：夏季天热，客房温度调得很低，这时进来一位身着单薄的女性，会感觉冷，这就要开暖气马上把房间温度升上去。

【评析】

（1）全球酒店并非“四季”一枝独秀，但天下成功的酒店（集团）也为数不多，如果说好的酒店都达到 99 分水平的话，那么“四季”就在“1”上花大力气，争取满分。我们并非要照搬“四季”的做法，而是要升华到理念的高度去认识，这样才能有限地借得“真经”为我所用，提高自己酒店的产品质量和服务水平。

（2）“1”是为了更好地满足顶级客源的需求，四季酒店产品与服务的精密、细致、周到、全面给业界留下深刻的印象。但这与不惜代价追求奢侈、展示豪华完全是两码事。“四季”不是靠黄金和钻石来显示酒店的身份，而是通过“极品人性化”的理念来满足这一层面的客源需求的。当然，这中间涉及到物质条件的，需要相应的投资。对于那些对豪华享受已不足为奇的顶级客源来说，更关注的是人性化的内涵。

（资料来源：汝勇健．《客房服务与管理实务》第 3 版．东南大学出版社，2017）

二、客房部客用物品管理

客房客用物品的配置、选购、储存、使用、控制等各环节的工作，会直接关系到客房的档次、客人的满意度以及酒店的经济效益。

（一）客房客用物品的配备

1. 客房客用物品的种类

客房客用物品的品种较多，通常分为两大类：客用固定物品和客用消耗物品。

（1）客用固定物品。指客房内配备的可连续多次供客人使用，正常情况下短期内不会损坏或消耗的物品。这类用品仅供客人在住店期间使用，不能在离店时带走，如杯具、浴巾、衣架、烧水壶等。

（2）客用消耗品。指供客人在住店期间使用消耗，也可在离店时带走的物品。此类用品价格相对较低，易于消耗，所以也有人称之为客用低值易耗品，如牙刷、牙膏、火柴、一次性剃须刀、一次性拖鞋、礼品袋、茶叶、咖啡、信笺等。

2. 客房客用物品的配置

不同星级、档次的客房，客用物品配置的种类、规格是不同的，每家酒店都会根据客房类型进行合理的配置。

（二）客房客用物品的选择

由于客房客用物品种类繁多，在选择时主要需考虑以下因素。

1. 宾客至上

客房必须能满足客人日常起居生活的需要，客房客用物品必须充分体现“宾客至上”的原则，做到美观、大方、实用。

2. 效益为本

酒店客房客用物品的配置要以“效益为本”为原则，需考虑投入与产出的关系，应在满足客人实际需要的前提下，尽可能选择物美价廉的产品，以降低客房客用物品成本。

3. 利于环保

环境保护已经成了全人类的共同任务，酒店应尽可能选用有利于环保和可再生利用的客房客用物品。如配置固定的、可添加洗涤液体的容器，将容器分别安装在洗漱台上方和卫生间洗浴上方墙面，客人用多少按压多少，既方便了客人，又减少了浪费。

（三）客房客用物品的保管

做好客房客用物品的保管，可以减少物品的损耗，保证周转。合理的物流管理及良好的库存条件是搞好客房客用物品保管工作的两个必要条件。

1. 物流管理

（1）严格验收。

（2）分类摆放。

（3）进出货物及时填写货卡，做到“有货必有卡，卡货必相符”。

（4）定期盘点，对长期滞存积压的物品需主动上报。

（5）严格掌握在库物品的保质期，遵循“先进先出”的原则，发现破损、霉变的物品应及时填写报损单上交，对于即将到期的货物应提前向上级反映，以免造成不必要的损失。

2. 库存条件

（1）库房需保持清洁、整齐、干燥。

（2）货架应采用开放式，货架与货架之间要有一定的空间，以利于通风。

（3）进库用品需按类别、性质、特点分别存放，及时码放。

（4）加强库房安全管理，做到“四防”，即：防火、防盗、防霉变、防鼠疫虫蛀。

（四）客房客用物品的领发

客房客用物品要做到保证满足客房运转需要，并且省时省力，减少领发环节及损耗，酒店客房客用物品须定期领用发放。通常根据楼层小仓库的配备标准和楼层消耗量等，规定领发日和领发时间，一般是一周领发一次，这样不仅使领发工作具有计划性，方便库房的管理工作，还能促使楼层工作条理化，减少漏洞。在领发之前，楼层服务员应将本楼层小仓库的库存情况进行统计，按楼层小仓库规定的配备标准提出申领数量，填好申领表，由领班签字。酒店库房在规定时间根据申领表发放物品，并凭申领表做账。

一些酒店洗衣场根据每天各楼层的布草申领数，配备专门的运送车，直接将洗好的布草配好，运送到楼层，服务员整理客房时直接从布草车上拿取布草。这种做法减少了洗好的布草运到楼层后存放到楼层工作间，再放到工作车的两个环节，提高了工作效率。

（五）客房客用消耗物品的管理

1. 制定消耗定额

在实际工作中，客房部应加强对客用物品消耗情况进行统计分析，积累经验，从而制定出客用物品的消耗定额，并据此对客用物品进行有效的管理。

（1）客用消耗物品的消耗定额。客用消耗物品通常是按其配备标准配置和补充的，但由于客用消耗物品并非每天都全部消耗掉。因此，对这些物品的实际消耗情况需进行具体的统计分析，从中找出规律。

1）单项客用消耗物品的消耗定额，可以用下列公式计算：

单项客用消耗物品的消耗定额＝出租客房的间数×每天客房的配置数×平均消耗率

平均消耗率＝消耗数量/配置数量

例：客房内的咖啡包，每间客房每天供应4包，每间客房每天的平均消耗量为3包，平均消耗率为3/4，即75％，如果某一楼层本月客房的出租总数为423间，那么该楼层本月咖啡包的消耗应为

423间×4包/间×75％＝1269包

2）全部消耗用品的定额，可用下列公式计算：

全部客用消耗用品的消耗金额＝出租客房的间数×平均消耗率×每间客房配置客用消耗品的总金额

例：客房全部客用消耗物品的总金额是9元，平均消耗率为60％，某楼层月出租客房的总数为423间，那么该楼层本月客用消耗用品的消耗总金额为

423间×9元/间×60％＝2284.2元

（2）客用固定物品的消耗定额。客用固定物品的消耗定额，应根据各种物品的使用寿命、合理的损耗率及年更新率来确定，这类物品的品种很多，各种用品的使用寿命、损耗率及更新率及使用频率等不同，因此需分别单独制定每一种客用固定物品消耗定额。

例：客房的浴巾每间每天的损耗率定为2％，每间客房所配置的浴巾平均为4条，如果某楼层某月出租的客房总数为423间，该楼层本月浴巾的消耗为423间×4条/间×2％≈34条

需要特别注意的是：在控制客用物品时应做到内外有则，即客人使用的物品，需严格按有关标准配备，内部员工使用的，要厉行节约，能修则修，能补则补，精打细算，在保证对客服务质量的前提下尽可能节约。

2. 制定客用物品的配备标准

制定客用物品的配备标准，是实施客用物品消耗管理的重要措施之一，合理的客用物品配备标准，既能满足对客服务的需要，又不过多占用流动资金，还能避免不必要的损耗。

（1）楼层工作间客房客用物品的配备标准。各楼层工作间应根据客房配备标准配备好客房客用物品，以供楼层周转使用，楼层工作间客用消耗物品

的配备量通常以一周为宜，对其他非消耗品，则应根据各楼层的客房数量及客情等具体情况确定合理的数量标准。配备物品的数量、品种等需用表格注明，并贴在库房内，以供盘点和申领时对照。

（2）中心库房客房部客用物品的配备标准。客房部通常设有中心库房，储备客房部的常用物品，中心库房的客用消耗品储量以一个月的消耗量为标准，其他客用物品的品种和数量则视实际使用和消耗情况及周转频率确定。

3. 加强日常管理

客房用品日常管理是客房客用物品控制工作中最容易发生问题的一个环节，也是最重要的一个环节。

（1）专人领发，专人保管，责任到人。客房客用物品的领发应由专人负责，不能多人经手，如果必须多人经手，就要严格履行有关手续。储存和配置在各处的物品，要由专人保管，做到“谁管谁用，谁用谁管”，避免责任不明，互相推诿。

（2）防止流失。在客房客用物品的日常管理中，要严格控制非正常的消耗，如员工自己使用、送给他人使用、对客人超常规供应等。

（3）合理使用。员工在工作中要有成本意识，注意回收可再利用的物品，并进行再利用，另外，还要防止因使用不当而造成的损耗。

（4）避免库存积压，防止自然损耗。很多客用消耗品有一定的保质期，如果库存太多、物品过期，难免会造成损耗，因此，酒店要根据市场货源供需关系确定库存数量，避免物品积压。

4. 完善制度

为了有效地控制客房客用物品的消耗，客房部必须建立一整套制度，规范客用物品的领发、保管、使用和消耗等工作，并根据制度实施管理。

5. 加强统计分析

酒店各楼层客房服务员要对每天的客房客用物品消耗进行统计，由领班进行核实。客房部库房须统计每天、每周、每月、每季度、每年度的客用物品消耗量，并进行盘点，了解客用物品的实际消耗情况，并将结果报客房部经理。客房部对照消耗定额标准及有关制度实施奖惩。只要实际消耗情况与定额标准偏离较大，就必须分析原因，进行整改。

6. 降低消耗，保护环境

在客房客用物品消耗控制过程中，要始终高度重视并切实做好降低消耗和环境保护工作。合理地降低消耗，能够有效地控制成本，减轻酒店负担，提高经济利益，做好环境保护工作，对于酒店乃至全人类的生存和发展，都有非常重要的意义。

客房部应采取多种措施，做好降低消耗和环境保护工作，尤其是要大力推行四个“R”的做法。四个“R”，是指四个以“R”开头的英文单词：Reduce（减少），Replace（替代），Recycle（循环）和Reuse（再利用），是人们对降低耗能和环境保护工作一些具体做法的高度概括。

（1）减少（Reduce）。客房部可从以下几个方面着手，尽量少使用对环境有污染的物品，如塑料用品和塑料包装材料，下面介绍和推广一些酒店的做法。

1）减少客房客用物品的配置。减少配置主要指在不影响服务质量的前提下，适当减少一些客用物品的品种、数量，对于一些客人不常用的物品，不作为正常供应品在客房内配置，如果客人需要，可以临时提供。

2）减少客房客用物品的更换。对客房的一些布草用品如床单、被套及毛巾可减少更换次数，大部分酒店在客房和卫生间放置环保卡，用于提示客人节约能源。需要注意的是，环保卡字体尽量稍微大一些，并放置在合适的位置。

3）减少客用消耗品的包装。客用消耗品的包装盒都不是必需的，如牙膏、木梳的包装盒，过多的包装造成了浪费，客人使用也不方便，如卫生间的客用消耗品可以放在一只专门的洗漱用品盛器内，既不影响美观又可减少包装，同时，还能减少员工整理擦拭这些消耗品的工作量。

4）客用物品的发放方法。对连续租用两天以上的客房，在清扫整理时，不一定将客人动用过的消耗物品全部重新更换，而是视情况在保持原有物品的同时再做补充。为避免客人因担心牙刷、拖鞋等物品互相混淆而丢弃的情况，在客房放置两把不同颜色的牙刷、两双有明显区别的拖鞋，甚至浴衣、毛巾、杯具都有颜色区分。这样既降低了消耗，又避免了丢弃这些物品所造成的环境污染。

5）进房整理客房的次数。频繁进屋整理客房不仅增加成本，有时还会打扰了客人而引起投诉，酒店可根据客人要求以及具体情况适当调整客房整理的次数。可采取事先在客房内放置告示卡的方式，用于提示和解释。例如您需要夜床服务或其他服务，请致电客房中心，号码为××，我们可随时为您提供服务。

（2）替代（Replace）。酒店应尽可能使用有利于环境保护和可再生利用的产品，替代一些传统产品，如用纸质包装取代塑料包装。为减少一次性用品的使用，倡导绿色环保，一些酒店在客房里准备了塑料拖鞋供客人使用，为了减少客人使用的顾虑，酒店可在拖鞋上放置一张已消毒提示卡。

（3）循环（Recycle）。循环使用是减少客用物品消耗，做好环境保护工作的一项重要举措。客房的某些物品如果在材料和设计上做些调整，就可以循环重复使用，如以前很多酒店客房内配置的洗衣袋和酒店便捷袋都是塑料制品，属于一次性消耗品，用过即弃，不仅造成浪费，而且污染环境。现在不少酒店都改用布口袋作为洗衣袋，便捷袋改为纸质包装，且设计和制作比较讲究。

（4）再利用（Reuse）。客房可以再利用的物品很多，人们对这些物品再利用的方法也很多。

1）注重回收，通常酒店要求员工在日常工作中注重回收那些已经用过，但仍有再利用价值的物品，客房服务员清扫房的同时，可以回收酒瓶、饮料罐、报纸、杂志、用剩的沐浴液，洗发液、牙膏等，有些物品的包装材料和容器等也可以回收。

2）合理利用。凡是具有再利用价值的物品，回收后都可以再合理利用。这样做既可以减少物品消耗，又可避免简单地将其作为垃圾处理，造成环境污染。如剩下来的肥皂头、牙膏、浴液、洗发液等，可以用于清洁保养工作。一些物品经过再加工还可以继续使用，如报废的床单可改制成洗衣袋；报废的毛巾可作抹布使用。

需要说明的是客房部在推行四个“R”的过程中，应遵守有关行业管理的规定和要求；讲究标准规范，不能降低客房服务及工作的质量标准；注重宣传解释，以取得理解和支持。

案例分析

从客人的利益出发

为保护环境，节省能源，有许多酒店推出“绿色酒店”“绿色客房”，在客房内放置“环保提示卡”。内容多是“温馨提示：如需更换床单，请将‘我’放在床上，让我们一起支持环保工作”。

环保卡的效果如何呢？对一些酒店进行了调查，调查结果显示，效果不是很理想，很少有客人主动使用环保卡。

如果酒店倡议得不到客人的理解和配合，也是做无用功。酒店应从实际出发，根据酒店客源对象的实际情况采取切实可行的方法。除了加强环保宣传力度，在客房和酒店的公共区域外张贴醒目的环保卡，还应从客人本人的利益和需求出发，给客人多个选择。

例如：可在住宿超过一天的客人房内放置“您需要什么？”的选择卡，提供每天换洗床单枕套等棉织品和每天免费洗一件衬衫两种选择，由客人自行选取一种。某酒店调查资料显示：因为客人的衬衫是经常需要换洗的，绝大部分客人都会选择免费洗衬衫。对酒店而言洗涤一件衬衫的费用要大大低于换洗床单等棉织品的费用，这种选择卡的做法既达到了保护环境、减少消耗的目的，又兼顾了客人的利益，为客人提供了超值服务，这种做法应该说在大多数酒店都是可行的。

【评析】

创建绿色酒店是我国酒店业的一个重要发展趋势，响应构建低碳社会和节约型社会的政策要求。本案例中，从客人角度出发，不仅减少了消耗，为客人提供了满意的服务，也是促进酒店经济效益的增长。

拓展练习

（1）分小组实地调研，了解客房设备和客房客用物品的管理方法。

（2）在老师的指导下，为实训酒店客房部制定次年的部门预算。

模块六

客房部安全管理

学习目标

1. 认识客房部安全管理工作的重要性。
2. 熟悉客房部安全管理设施的配备与使用方法。
3. 了解客房部安全事故的起因、紧急处理办法及预防办法。

项目一　客房部日常工作安全管理

任务导入

（1）分组查找资料，调研酒店客房事故案例，走进客房，了解客房各项安全系统设施，并对客房事故案例进行分类、汇总。

（2）小组将收集到的案例、了解到的安全系统知识制作成PPT，选派代表在课堂演示介绍。

（3）教师讲评总结，讲解相关知识点。

课程内容

一、安全管理规章制度

安全是酒店正常经营的重要保障和前提，不安全的酒店是没有竞争力的酒店，保护酒店住店客人的人身安全、财产安全不受到损失是客房部安全管理的重要任务。安全管理作为酒店管理的一个重要组成部分，为了使安全工作落到实处，保证客房的安全和秩序，酒店必须制定一套安全规章制度来制约人们的行为，为人们的行动提供规范依据。

（一）客房部钥匙管理制度

为了统一客房部钥匙领取、使用及日常管理，防止钥匙丢失或其他异常情况，酒店需要制定钥匙管理制度。

（1）酒店财务总监负责对万能钥匙的控制和管理工作，酒店电脑房负责万能钥匙的发放和回收。

（2）酒店每把钥匙编排独一无二的编号，将其锁在特制保险箱内，时刻保证每把钥匙的安全，严格管理每把钥匙的发放使用和归还，防止因钥匙管理不善而发生盗窃事故。

（3）钥匙管理员每月进行钥匙的盘点、整理、维护和检查，并定期更新。

（4）工程部负责所有传统钥匙的复制，任何员工都不得在酒店之外复制钥匙。钥匙配制机安装在工程部车间内，所有空白钥匙由保安部保管。

（5）服务员工作用的楼层万能钥匙必须随身携带、妥善保管，严禁转借他人，每天交接万能钥匙须有严格的登记手续。

（6）保安部把酒店钥匙交给酒店正式员工，员工下班或离开酒店时必须交回钥匙，严禁将酒店钥匙带出酒店。

（7）酒店正式员工领取工作钥匙时要在《工作钥匙领用表》上签名。

（8）酒店正式员工只可以领取本部门的钥匙，不可跨部门领取，特殊情况需部门总监同意后才可领取。

（9）酒店员工离职时必须将电子钥匙交回。

（10）如果丢失钥匙或门磁卡，必须立即报告上级。

工作钥匙领用表见表6-1。

表6-1　工作钥匙领用表

钥匙编号	领用		归还		接收人
	姓名	时间	姓名	时间	

续表

钥匙编号	领　用		归　还		接收人
	姓名	时间	姓名	时间	

（二）客房楼层安全管理制度

为了提高客房服务质量，加强对客房安全的管理，酒店需要制定楼层安全管理制度。

（1）加强客房部管理人员、服务人员以及安保部人员对客房走道的巡视以及监控。在巡视及监控时，如发现有可疑的陌生人在走廊徘徊或在客房附近出现，或客房房间有异常情况，房内发现有动物或违禁品，客人情绪变化，生病等情况要立即报告领导。

（2）巡视时注意客房的门是否关上及锁好。如发现某客房的门虚掩，可敲门询问，如宾客在房内的话，提醒他注意关好房门；宾客不在房内，直接进入该客房检查是否有不正常的现象。

（3）注意防火防盗，如发现异常情况或闻到异味，必须立即查找处理并及时报告有关部门，切实消除安全隐患。

（4）认真检查各区域，检查楼层照明，消除安全隐患，确保酒店及客人的生命财产安全。

（5）清倒垃圾桶内的垃圾时要注意桶内有无特别的物品，有无客人无意中掉下或错误放置的东西。

（三）来访人员管理制度

为加强对来访人员的管理，保证酒店和客人的合法权益，酒店需要制定来访人员管理制度。

（1）需要进入客房的来访人员，服务员需查验来访者的身份，并填写《来访人员登记表》，征得被访客人同意后，才可准予进入客房会客。没有有效身份证明的，不准进入客房会客。来访人员登记表见表 6－2。

（2）来访人员来访和离访时，均要在《来访人员登记表》的“来访时间”“离访时间”栏内准确填写时间。

（3）酒店内不同楼层住客互访，若持有酒店住宿凭证的，可免填写来访

表 6-2 来访人员登记表

来访人			被访人		来访时间	离访时间	备注
姓名	性别	证件号码	姓名	房号			
备注：1. 此表用于登记来访人员；2. 此表存档，用于备查							

登记表，但服务员务必做好记录。

（4）凡住客本人引带的来访人员，服务员应礼貌相待，目送进房，但要做好记录，写明访客进出时间、性别、人数。

（5）晚上 11 时到次日 7 时，来访人员不允许进入客房。来访人员因事要在客房留宿的，必须按规定到前台办理入住登记手续。至晚 11：30，来访人员不办手续，经提醒仍不愿离房者，服务员要及时报告大堂副理和安保部处理。

（6）遇到来访行政办公室时，当值人员应先电话联系，征得许可后方可登记进入。

（7）外来人员查询酒店员工情况如姓名、班次、住处等一律婉言谢绝。

案例分析

不能说的隐私

一天中午，酒店总台服务员小张接到一个电话，对方自称是住店的一位美籍华人的朋友，因航班问题他们不能同时到达，要求查询这位美籍华人是否已入住酒店。小张迅速查阅了住房登记资料，向他报了几个姓名，对方确认其中一位就是他要找的人，小张未加思索，就把这位美籍华人的入住信息及房间号 2107 告诉了他。

过了一会，酒店服务总台又接到一个电话，打电话者自称是2107房的“美籍华人”，说他有一位黄姓朋友要来找他拿会议资料，此时他正在与生意伙伴谈生意，不能马上回来，请服务员把他房间的钥匙交给其朋友，让他在房间等候。接电话的小张满口答应。

又过了一会，一位西装革履的男青年到服务台前，自称姓黄，要取2107房钥匙。小张见了，以为果然不错，就毫无顾虑地把2107房钥匙交给了男青年。

晚上，当那位真正的美籍华人回房时，发现房内一片狼藉，经核实，丢失了一台笔记本电脑和一只高级密码箱，密码箱内有若干现金和贵重首饰。

【评析】

冒名顶替是坏人在酒店犯罪作案的惯用伎俩。相比之下，案例中这位犯罪青年的诈骗手法其实不高明。总台服务员只要提高警惕，严格按规章制度处理，犯罪的骗局完全可以防范。

（四）客房部消防安全管理制度

酒店火灾的发生率虽然很低，但后果却极为严重。它不仅直接威胁酒店内客人和员工的生命财产安全，而且会破坏酒店的声誉，经济上也将付出沉重的代价。据《世界饭店》杂志对酒店火灾部位统计表明，客房区域为火灾多发地。客房人员多，一旦发生火灾，扑救和疏散工作都将很难进行，因此，结合本部门的特点制定消防安全制度，防止火灾的发生。

（1）严禁客人携带易燃、易爆物品进入客房，若发现，可告知酒店代为妥善保管。

（2）严格落实责任制，定期检查房内电器、用电线路是否正常，如发现电线磨损、接触不良，应立即报告上级主管处理。

（3）员工要熟悉各种消防设备和设施的存放位置，严禁擅自移动消防设施。

（4）制订有完备的紧急疏散计划，定期检查消防通道，保证其畅通无阻。

（5）客房内配置完整的防火设施设备、紧急疏散图。

（6）当发生火灾时，及时发现火源，立即打电话通知消防中心及部门经理或主管，讲清楚着火准确位置、类型及火势情况。同时切断电源，采取有效措施，先行扑救火灾，扑救完毕后保护现场，等待安保部调查，得到酒店管理层明确指示后方可清理现场。

（7）当公安、保安部人员进行安全检查和处理案件时，客房部有关员工要积极配合，如实提供情况。

消防疏散图如图 6－1 所示。

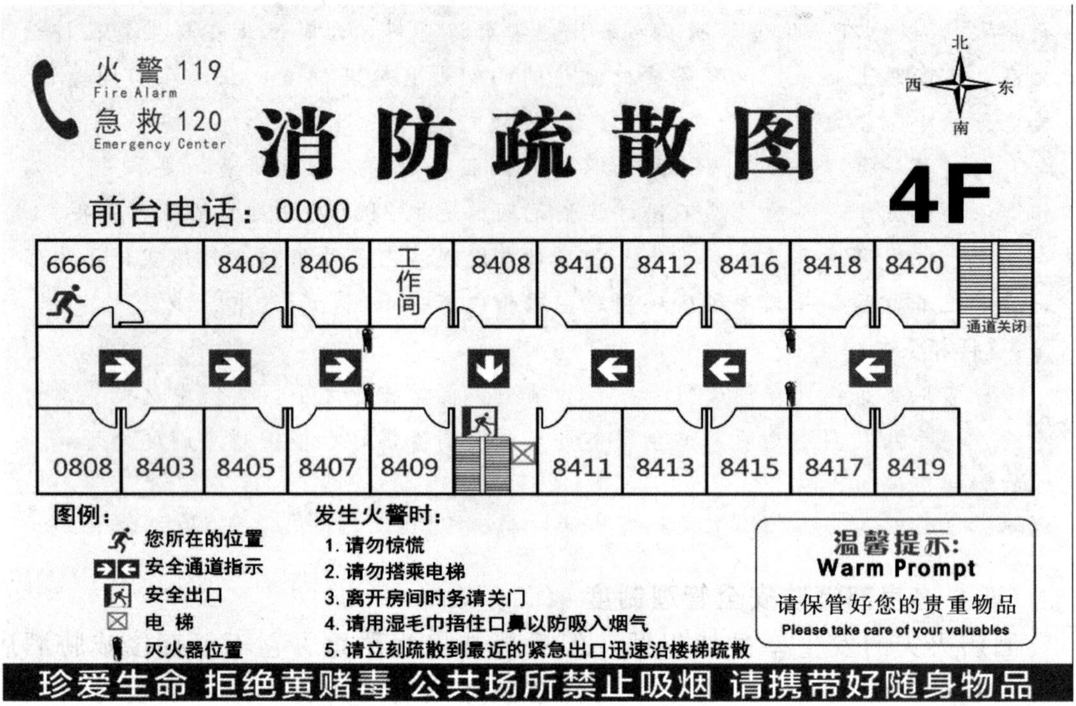

图 6－1 消防疏散图

（五）防盗安全管理制度

为减少酒店及客人财产损失，最大限度地降低人员伤亡，酒店需要制定防盗安全管理制度。

（1）酒店各出入口值勤人员要严格认真检查，严禁无关人员进入酒店。

（2）员工在下班前要逐个检查自己工作区域、办公室门窗等是否已关闭，重要物品是否已放到安全地方。

（3）严禁将亲友或无关人员带入工作场所，不准在值班室内或值班宿舍留宿客人。

（4）在酒店易发生盗窃案件的部位装置监控装置、防盗报警等安全防范设备。

（5）严格落实对楼层公共区域的巡视，消除安全隐患。

（6）一旦发现有偷盗事件或接到报案时应立即采取行动，立即报告部门经理及保安部。由部门经理协同保安人员到现场了解情况，不得擅自移动任何东西，并保护现场，不让外人进入。

（六）楼层布草管理制度

（1）严禁无关人员进入布草房，做到人出灯灭门锁。

（2）布草堆放整齐，布草房内保持清洁卫生，严禁存放化学物品、易燃易爆物品、食品和个人物品。

（3）每天下班必须指定专人关闭布草房电源、电器、水源；锁好门、窗；检查有无安全隐患，发现问题要认真处理并记录备查。

（4）服务员整理完房间后，必须将布草统一放到指定位置，如有值班人员夜班期间整理房间、做夜床撤换的布草，要做好交接记录备查。

（5）严禁将未散热的熨烫衣物码放成垛，防止热量内蓄引发自燃。

二、安全设施配备

客房是为客人提供住宿和各项服务的地方，人、财、物比较集中，配备必要的客房安全设施可以有效地预防、发现、控制和打击违法犯罪活动，预防各种灾害事故的发生。

（一）电视监控系统

电视监控系统是酒店现代管理设施的一个重要组成部分，可以提高酒店安全效益，优化酒店安全服务，预防安全事故的发生，保障客人的安全。电视监控系统由多台电视屏幕、摄像机、自动或手动图像切换机和录像机组成。安全人员通过屏幕监控酒店各要害部位的情况，如前台收银处、出入口等。电视监控系统主要设置在酒店公共区域、客房走廊和进出口多又不易控制的地方。电视监控系统如图 6-2 所示。

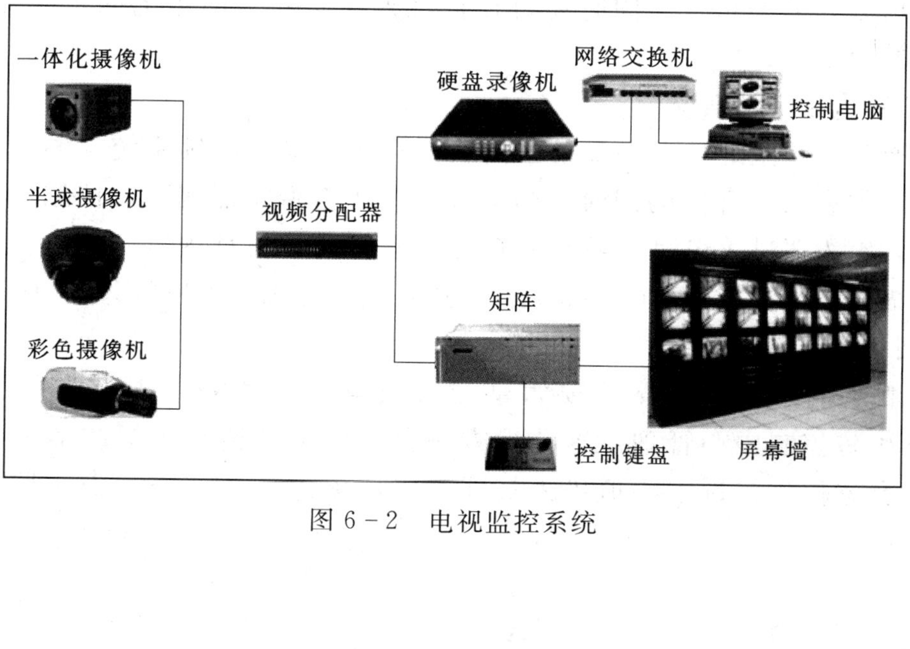

图 6-2　电视监控系统

(二) 自动报警系统

自动报警系统是酒店组成防盗、防火安全网络的重要环节。防盗重点是对非法进入者监督控制，在出现危害客人安全、偷盗财物等情况时，能够及时报警。

1. 微波报警器

微波报警器的微波发射器向前发出一束微波信号，微波信号遇到障碍物就会被反射回来，然后由接收器接收。但固定目标和活动目标有差异，固定目标反射回来微波信号的频率和原来相同，活动目标反射回来微波信号的频率则有所改变。微波报警器就是利用这一频率的差异而报警的。所以微波报警器适用于发现动态目标，而对固定目标作用不大。

2. 超声波报警器

超声波报警器发射装置向控制区域发出超声波，只要入侵者进入管控区域，就会立即被发现。这种报警器材受气候和外界干扰较大，适用密封性较好的仓库和比较安静的客房内。

3. 声控报警器

声控报警器由一个特别敏感的话筒和放大器组成。话筒能接收很微弱的声音信号，放大器将这一声音放大后送入扬声器，使值班人员能清楚听到现场活动的声音。此报警器话筒探头小、便于隐蔽，适用于室内。

4. 红外线报警器

红外线报警器由报警主机和红外线探测器组成。一旦有盗贼进入探测范围，探测器能探测到人体红外线，并立即发射报警信号，主机接收到信号后，立即发出刺耳的警报声。同时还可根据红外线报警器面板上的报警提示灯，明确报警地点。

(三) 电子门锁系统

周密的门锁系统是客房最基本的安全设施，电子门锁系统与酒店其他系统配合，如客人在开门的同时，即可开通室内空调、照明等。使用电子门锁的酒店，客人要进入房间不需要一般的钥匙，而是一种内置密码的磁卡，开门时只需将磁卡插入门上的磁卡阅读器内，密码正确就可以打开房门。

(四) 消防监控系统

在酒店的客房、走廊等要害部位装置烟雾报警器、温感器等报警器材，由消防控制中心管理。这些地方一旦发生火灾苗头，消防监控柜就会显示火警方位，控制中心值班人员即可采取紧急扑救措施。消防监控系统主要有：

（1）烟雾报警器，又称烟雾感应器、烟雾传感器。客房内屋顶上一般安装烟感报警器，一旦发生火灾，烟感报警器会自动发出报警信号。烟雾报警器如图 6－3 所示。

（2）温感器。又称温度感热器，即室内温度上升至一定温度后，感温器即接收讯息，并将此讯息送至酒店的火警控制室。

（3）喷淋头。发生火灾时，喷淋头安全阀门就会自动开启，水自动喷出，以防止火势蔓延。这是一种扑灭初期火灾的固定灭火设备。喷淋头如图 6－4 所示。

图 6－3　烟雾报警器

图 6－4　喷淋头

（4）消防栓。消防栓内有消防水带、消防水枪、消防卷盘及手持灭火器等。一旦火灾形成时，可以借此灭火设备立刻扑灭火源，避免火势扩大成灾。消防栓图如 6－5 所示。

图 6－5　消防栓

（五）其他安全设施

（1）客房门上装有窥镜，门后安装防盗扣或防盗链，张贴安全指示图，标明客人的位置或安全通道方向，安全指示图涂上荧光剂。

（2）安全通道门上安装昼夜明亮的安全指示灯，一旦发生火灾或由于其他原因使通道灯停电，安全指示灯会立即开通。

（3）房内配防毒面罩、私人保险箱，卫生间内装有紧急呼叫按钮等。

案例分析

及时发现的危险

10月5日凌晨1：30，酒店18楼南侧客房烟雾感应器发出报警，安保人员与该楼层服务员立即来到18层，发现是1803房发生火情。楼层服务员多次敲门无人应答，情况紧急，随即用工作钥匙打开了房门。进入房间后发现烟雾很大，客人处于喝醉酒状态，保安人员及时切断房间电源设备，与服务员一起将客人转移到安全地带。

经查，冒烟的原因是该房客在喝醉酒的状态下点燃了一根烟，烟头掉落在地毯上，引起地毯冒烟，从而触发烟雾感应器报警。幸亏酒店人员及时赶到并采取应急措施，才避免了一场事故的发生，保证客人和酒店的安全。

【评析】

客人在酒店房间内吸烟情况常有发生，特别是喝醉后吸烟非常容易引发安全问题。服务员发现后需及时劝阻并提供方便，如为客人送醒酒茶，避免安全事故的发生。

三、自我安全

服务员在工作中要有自我防护意识，对客人既要彬彬有礼，热情主动，又要保持一定的距离，工作中要严格遵守下列准则：

（1）服务员与客人要保持一定的距离，下班后不得到客人房间串门。

（2）进入客人房间时将房门打开，如客人关门，提高警惕。

（3）当客人要求与服务员聊天时，应以要开会等理由，尽快离开房间。如果客人要与服务员合影，服务员可拉上同事一起。

（4）不得赤手伸进垃圾桶，须戴手套，并小心操作，以防被玻璃碎片或尖锐物品划伤。

（5）使用清洁剂及清洁用品时，需了解其化学属性，戴上胶手套。

（6）如果客人出现不正当行为，应该高声呼救，尽力反抗。

（7）高空作业时使用好安全带或绳子，在潮湿地面作业时使用防滑垫。

项目二　客房部安全预防

任务导入

（1）由老师带领学生参观当地不同规模的酒店，了解酒店内潜在的安全风险和客房安全设施。

（2）小组形式将了解到的安全知识制作成PPT，在课堂演示。

（3）教师点评，讲解知识点。

课程内容

一、防火

（一）火灾的种类

1. 根据引起火灾的燃烧物质不同，火灾可分为以下几种类型：

（1）一般火灾。由纸张、纤维、木料等可燃性物质着火燃烧引发的火灾，其特征是燃尽成灰。适用于这种火灾的灭火器上有白底A字标记。

（2）油类火灾。由油漆、酒精、汽油、液化气等可燃液体或气体着火引发的火灾，燃烧后不留灰烬。适用于此类火灾的灭火器上有黄底B字标记。

（3）电气火灾。由电视机、开关柜、电缆、电器等着火引发的火灾。适用于此类火灾的灭火器上有蓝底C字标记。

2. 根据火灾事故造成的灾害损失程度分类，火灾可分为以下几种类型：

（1）特别重大火灾。造成30人以上死亡，或者100人以上重伤，或者1亿元以上直接财产损失的火灾。

（2）重大火灾。造成10人以上30人以下死亡，或者50人以上100人以下重伤，或者5000万元以上1亿元以下直接财产损失的火灾。

（3）较大火灾。造成3人以上10人以下死亡，或者10人以上50人以下重伤，或者1000万元以上5000万元以下直接财产损失的火灾。

（4）一般火灾。造成3人以下死亡，或者10人以下重伤，或者1000万元以下直接财产损失的火灾。

（二）客房发生火灾的主要原因

了解火灾的起因，可以起到防患于未然的作用。一般酒店发生火灾的原因主要有：

（1）客人睡前躺在床上吸烟，不慎引燃被褥。

（2）客人醉酒后玩火或吸烟引起火灾。

（3）乱扔未熄灭的烟头、火柴棒，引起地毯、沙发、窗帘、衣服等可燃物起火。

（4）客人在房内焚烧文件引起火灾。

（5）客人在客房内使用电器不当或违规使用电器，引起负荷量超载造成电路短路，引起火灾。

（6）客人偷偷将易燃、易爆物品带入客房引起火灾。

（7）客房内台灯、壁灯、落地灯等灯罩与灯泡距离太近，引起火灾。

（8）在客房内使用化学涂料、油料等，未采取防火措施。

（9）客房内冰箱、电视、空调等电器设备使用时间过长，导致配件发热或电路发生老化，造成短路起火。

（10）服务员清洁房间时，未经检查便将没熄灭的烟头倒入垃圾袋或吸入吸尘器。

（三）火灾的预防措施

（1）客房内的地毯、家具、床罩、墙面、窗帘、房门等用具，要尽可能选用具有阻燃性能的材料制作。

（2）客房放置安全须知，包括预防火灾要点及需要客人配合的具体要求，背面有安全指示图。

（3）客房走廊上安装报警器及灭火装置，较长的走廊中间有防火隔离门。安全通道应保持畅通，定期打扫检查。

（4）配合保安部定期检查防火、灭火设备及用具的功能，确保消防设备和器材能正常使用。

（5）发现客人使用电炉、电烤箱及房间内多种电器同时使用时，应立即通知保安部，以免因超负荷用电而发生意外。

（6）员工要熟悉住店客人的情况，要勤检查，善于发现各种消防安全隐患。

（7）在房内床头柜上放置“请勿在床上吸烟”告示牌，通道、电梯口有烟灰桶。发现客人房间有未熄灭的烟头、火种，立即处理。

（8）服务员在房内清扫时，注意可能引起火灾的隐患。

（9）对员工进行消防知识和技能培训，掌握各类灭火器的使用方法。

（10）鼓励员工“不吸烟”“不喝酒”，以便减少火灾发生的可能，并限制员工吸烟区域，便于管理及防患于未然。

（四）火警的应急处理

掌握火警的应急处理措施，一旦发生火灾，可以使服务员迅速做出反应。

1. 及时报警

（1）一旦发现火情，要保持冷静，不可惊慌失措，避免引起客人产生疑虑和恐慌。

（2）立即使用最近的电话通知消防中心及部门经理或主管，讲明火警准确位置、火警类型及火势情况，同时上报自己姓名、性别、职位等信息，待消防监控中心确认后方可挂电话。

2. 控制火势

通知完毕后，在保证自身安全的情况下，迅速返回火警发生处呼唤附近同事一起帮忙，关闭火灾现场门窗，关闭楼层分区的防火门或防火卷帘门，并切断一切电气设备电源，尽快利用就近灭火设备扑救，控制火势。

3. 疏导宾客

（1）如果火势蔓延，迅速打开安全疏散口和楼梯口。

（2）迅速检查每间客房，查看有无客人滞留在客房内，协助引导客人撤离火灾现场，并将其带到安全场所。

（3）疏导宾客时应注意不能搭乘电梯，不能顾及财物财产；客人撤离房间后，要将房门关上；要特别照顾老弱病残孕及儿童。

4. 保护现场

火灾扑灭后，服务员要妥善保护现场，一切无关人员不得进入火灾现场，以便为有关部门调查起火原因提供线索。

（五）火灾逃生要领

客房服务人员应了解火灾发生时的逃生要领，以便在火灾中及时给予宾客适当的指导和帮助，尽量减少火灾中的人员伤亡。

（1）离开客房时，应关好房门、带好钥匙，以备疏散路线中断时退回到客房自救，并等待外面救援。

（2）离开客房时携带一条湿毛巾，同时搞清前进方向，从与风向相反的远离着火点的方向疏散，经过浓烟区时用湿毛巾捂住口鼻，弯腰快步或爬行前进，注意墙壁上疏散指示灯的指向。

（3）若无法逃生，在酒店高层的宾客可往楼顶跑，站在逆风处等待救援。

（4）烟雾进入房间内应用湿毛巾或床单堵在门缝处，紧急情况下可将床单撕开结绳自救。

火灾逃生图如图 6－6 所示。

（六）客房灭火器材的使用

灭火器材是一种平时往往被人冷落，急需时则大显身手的消防必备之物。一旦有了火情，没有适当的灭火器材，很可能酿成大祸。下面介绍酒店常用的灭火器材。

1. 干粉灭火器

干粉灭火器是利用二氧化碳气体或氮气气体作为动力将干粉喷出灭火的

图 6-6　火灾逃生图

消防器具。可扑灭一般火灾，还可扑灭易燃液体、易燃气体、电器、纺织品等燃烧引起的初起火灾。干粉灭火器根据移动方式可分为手提式、背负式、推车式几种。使用干粉灭火器灭火时，先除掉铅封，拔出保险销，一只手握住喷嘴，另一只手提起提环或提把，按下压柄即可喷射。手提式干粉灭火器如图 6-7 所示。

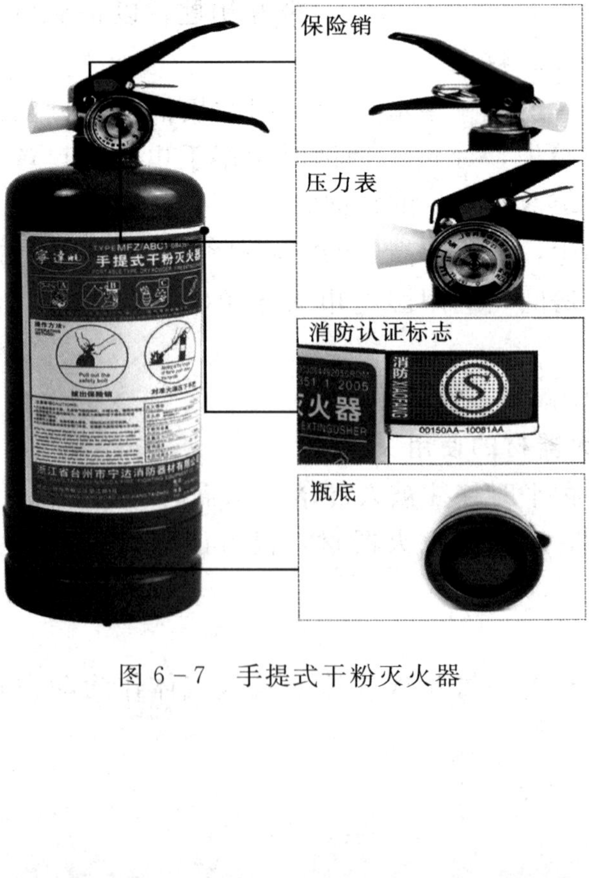

图 6-7　手提式干粉灭火器

2. 二氧化碳灭火器

二氧化碳密度较高，在灭火时，二氧化碳气体可排除空气同时包围在燃烧物体的表面或分布于较密闭的空间内，从而降低可燃物周围或空间内的氧浓度，产生窒息作用而灭火。二氧化碳从储存器喷出时，由液态迅速转化为气态，吸收周围部分热量，起到冷却作用。二氧化碳灭火器主要用于扑救电器火灾、重要档案资料、珍贵设备、精密仪器及油类等的初起火灾。使用二氧化碳灭火器灭火时，拔出保险销，一只手持喷筒把手手柄，对准火苗，另一只手紧压启闭阀的压把，气体即可自动喷出。二氧化碳灭火器如图 6-8 所示。

图 6-8 二氧化碳灭火器

3. 手提式泡沫灭火器

泡沫灭火器内有两个容器，分别盛放硫酸铝和碳酸氢溶液，两种溶液互不接触，不发生任何化学反应（平时千万不能碰倒泡沫灭火器）。当需要使用泡沫灭火器时，把灭火器倒立，两种溶液混合在一起，就会产生大量的二氧化碳气体。除了两种反应物外，灭火器中还加入了发泡剂。打开开关，泡沫从灭火器喷出，覆盖在燃烧物上，使其与空气隔离并降低温度，达到灭火的目的。泡沫灭火器可用来扑灭木材、棉布等燃烧引起的火灾，还能扑救油类等可燃液体引起的火灾，但不能扑救带电设备和醇、酮、酯、醚等有机溶剂引起的火灾。使用泡沫灭火器时，应一手抓提环，一手抓底部，把灭火器颠倒过来，轻轻抖动几下，进行灭火。泡沫灭火器如图 6-9 所示。

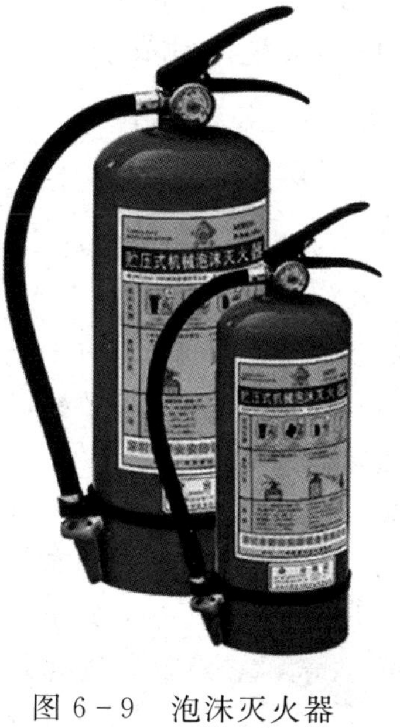

图 6-9 泡沫灭火器

二、防盗

客房是相对封闭和安静的环境，客人在酒店客房时安全意识不强，客房罪犯作案具有隐蔽性且容易逃脱，导致客房成为酒店失窃最多的地方。要完全阻绝客人、员工和外来人员的偷窃行为不是一件容易的事，但适当的预防可以避免这类事情的发生。

（一）客房常见的偷盗类型

（1）社会上的不法分子混入酒店作案。此类案件占酒店客房失窃案件的多数。此类案件主要有以下两种：一是犯罪分子冒充酒店的客人，骗取服务员的信任，打开房门作案；二是犯罪分子以访客的身份到客房作案。

（2）犯罪分子以宾客身份入住酒店，利用住店之际进行作案。住店客人在住店期间，窜入其他房间作案。有时趁其他客人忘记关门而进入房间行窃，有时趁其他客人在卫生间时窜入客房作案，或者直接在房门上做手脚，待客人离开房间后迅速进入作案。

（3）内部职业道德低下员工利用工作之便作案。此类案件在酒店中也不容忽视。员工如有小偷小摸的习惯或内部管理混乱，就容易发生此种情况。

（二）防止客人盗窃

（1）设置楼面服务台，掌握客人出入情况。

（2）服务员清扫房间，将工作车停在打开的客房门口，坚持开一间做一间，钥匙需随身携带，严禁私自解下插在门上，清扫结束把门锁好。

案例分析

“客人”要浴巾

服务员小张正在打扫房间，有两名衣着讲究的男子路过嘱咐其给1509房加两条浴巾，说完话后这两人并未进房，而是告知服务员他们要去餐厅用早餐，便与服务员擦身而过。服务员遵照执行其指示，按照进客房的操作程序进入1509房为其增配两条浴巾，并顺手清理房内垃圾桶的垃圾，此时两位男子返回房间，看见服务员正在清理垃圾，向服务员道谢，同时声称自己忘记东西了，并在房内找了找，随后与小张一同离开房间。刚离去不久，1509房又来了两位男子，自己持IC卡进入房间后即发现房间被盗。原来前两个是盗贼，后两位才是真正的客人。

【评析】

这个犯罪利用服务员心理上的不设防，因为客人需要增配浴巾，是一个合理的要求，且客人并不进房，服务员无须防范；后返回客房，并主动跟服务员道谢，造成心理上先入为主的概念，一时失去判断，在心理上误导，以为对方是客人，且返回房间寻找东西也是合乎常理的事情，因而给盗贼有了可乘之机。盗贼相当熟悉酒店的服务流程，如果他们直接要求服务员为其打开房门，服务员将按规定程序要求他们出示房卡，询问姓名并与总台核实身份，故而采取这种方式进入房间，使服务员失去判别的警惕性，从而达到盗窃目的。

(3) 遇到住店客人没带钥匙或丢失钥匙而要求开门时，客房服务员应礼貌地请客人到前台办理进房手续，或与前台核实身份后方可开门，切不可随意为客人打开房门。

(4) 加强楼层巡视，凡发现房门未关的，应提醒客人把门关好，钥匙插在锁头上的，要取出交还客人。

(5) 客房中较值钱的物品如挂画、灯饰等，应该采用较大规格，使不法分子无法将其装入行李箱中。客用品打上饭店的标志，有助于打消客人偷盗的意图。

(三) 防止员工偷窃

饭店也存在员工偷窃的问题，如果不加以防范和正视，将影响运营的成果。其防治方法如下：

(1) 经理、主管以及领班以身作则，坚决纠正和管理员工的不良行为，共同遵守偷窃的责罚。

(2) 加强员工培训，提高他们遵守法纪的自觉性。

(3) 对各项物品进出做好明细账，每月至少盘点一次，如果各项物品账目有异或减少，应及时调查清楚，可减少员工偷窃念头。

(4) 设立员工专用通道，防止员工或施工人员携带饭店财物离店。

(5) 酒店员工多，新旧员工频繁更替，应要求员工佩戴识别证，作为辨别人员的基础。

(6) 员工进出酒店应自动接受安全警卫的检查，不得从营业处所进出，携带公物要有主管人员的放行证明。

(四) 防止外来人员偷窃

(1) 加强人口控制、楼层走道控制及其他公共场所的控制，各重要角落应全天候以监视器监视录像，加强出入口控制，防止外来人员窜入作案。

(2) 饭店不应在没有安全措施的情况下，将有价值的物品放置在公共场所。

(3) 外来的办事人员、送货人员、修理人员等必须经安全值班人员问明情况后才能通过职工入口进入工作区。这些人员在完成任务后，也必须经职工出口处离店。安保人员应注意他们携带出酒店的物品。

(4) 客人不在房间时，如遇有工程维修人员、洗衣房客衣服务员等相关员工进入客房时，服务员必须记录其进出时间、员工姓名、房号，必要时还需在现场陪同作业。

(五) 加强防止盗窃事件的发生

(1) 把好用人关，录用品德优良的人进酒店工作。

(2) 培训酒店员工识别犯罪分子的能力。

(3) 加强楼层巡视及监视录像的监控，从来访客人和住店客人身上发现疑点。

(4) 建立安全规章制度，建立防范措施，加强内务管理。

(5) 提高全员安全防范意识，让全体员工关注安全、重视安全，具有责任心和警惕心。

三、其他预防

凡是可能导致对客人造成伤害的任何不安全因素，都要列入严格预防之列。

(一) 自然灾害的防范

自然灾害常常是不可预料或无法抗拒的，包括水灾、地震、龙卷风、暴风雪等。自然灾害的发生，会引起客人的恐慌，酒店的服务人员应保持良好的心态、沉着的态度稳定客人的情绪，有序开展自救行为。

(二) 突然停电的防范

停电事故可能是外部供电系统引起的，也可能是酒店内部设备发生故障引起的，停电会造成诸多不便。因此，酒店必须有应急措施，如采用自备发电机，保证在停电时能立即自行启动供电，保障酒店用电需求。

(三) 客人疾病发作的防范

当发现客人精神恍惚或行为、语言不正常时，员工要多观察客人神态、行为举止及其他异常现象，如有必要需提供应有照顾，防止意外事件发生。

案例分析

被挽救的生命

某天晚上，酒店的一位女房客从外面回到客房不久后，打电话到前台跟服务员说自己刚跟朋友在当地特色酒馆喝了点小酒回来头有点痛，叫服务员帮送点开水到客房。服务员小陈送开水到客房时，发现客人没有表现痛苦的表情，仅是有点醉态的样子。小陈担心房客发生意外情况，离开客房前，小陈询问房客还需要什么帮助，并保证可以随时为其提供帮助和服务。在离开客房十几分钟后，小陈给该房客打了几个电话，电话都无人接听。于是小陈到客房前一边敲门一边说“您好，我是服务员”，均未见人应答，询问总台，也未见该客人外出。小陈觉得情况有异常，便用楼层万能钥匙打开房客房门，发现客人倒在地上口吐白沫，四肢抽搐，没有意识，便紧急呼叫救援送医。经核实，房客当晚与当地朋友小聚，一时高兴过头喝了点酒，该房客本身患有癫痫症，酒精刺激中枢神经，同时也影响了抗癫痫药物的作用，导致发病紧急且严重，如果处理不及时会危及生命。

【评析】

一个小小的醉态（其实是病态）让服务员起了疑心，最终挽救一条生命，这也是一种细心和责任心的体现。如果服务员没有这种细心和责任心，没有人性化、个性化的为宾客服务，送开水后没有继续留意，势必会造成惨痛的局面。因此在平时员工培训中要注意培养员工的细心、责任心、警惕心。

拓展练习

（1）通过网络等渠道收集酒店客房安全问题。

（2）以小组为单位，为实训酒店制订一份客房楼层安全管理计划书。

参 考 文 献

［1］ 汝勇健. 客房服务与管理事务［M］. 3版. 南京：东南大学出版社，2017.

［2］ 吴玲. 客房服务与管理［M］. 3版. 北京：高等教育出版社，2015.

［3］ 汝勇健. 沟通技巧［M］. 3版. 北京：旅游教育出版社，2018.

［4］ 刘伟. 前厅与客房管理［M］. 4版. 北京：高等教育出版社，2018.

［5］ 刘娜欣. 人力资源管理［M］. 北京：北京理工大学出版社，2018.

［6］ 魏小安，沈彦蓉. 中国旅游饭店业的竞争与发展［M］. 广州：广东旅游出版社，1999.

［7］ 中国就业培训技术指导中心. 客房服务员［M］. 2版. 北京：中国劳动社会保障出版社，2012.

［8］ 魏洁文. 客房服务与管理实训教程［M］. 北京：科学出版社，2008.

［9］《旅游饭店星级的划分与评定释义》编写组. 旅游饭店星级的划分与评定释义［M］. 北京：中国旅游出版社，2010.